I0166460

JOURNAL DU VOYAGE

DE

VASCO DA GAMA

JOURNAL DU VOYAGE

DE

VASCO DA GAMA

EN M CCCC XCVII

TRADUIT DU PORTUGAIS

PAR

ARTHUR MORELET

Membre correspondant de l'Académie des Sciences de Lisbonne

DÉPOT LÉGAL
Rhône
960
1864

LYON

IMPRIMERIE DE LOUIS PERRIN

M DCCC LXIV

L'HISTOIRE de la navigation n'offre pas d'événement plus fameux que la découverte de la route maritime des Indes, après celle du Nouveau-Monde par Chriſtophe Colomb. Si l'on réfléchit même à l'impulſion que ces deux événements ont imprimée au monde, depuis la fin du quinzième ſiècle, à l'influence qu'ils ont exercée ſur le domaine intellectuel & matériel de l'homme, peut-être leur aſſignera-t-on la place la plus conſidérable dans les annales de l'humanité. Deux hommes, avec de faibles reſſources, opérèrent ce prodigieux réſultat; tous deux pourſuivant le même but, tous deux cherchant la route de l'Inde, ils étonnèrent leur ſiècle & le remuèrent profondément en déchirant le voile qui cachait l'immenſité du globe; ſeulement, Colomb avait trouvé toute autre choſe que ce qu'il cherchait, Gama avait fait ce qu'il voulait faire.

La date de la naiſſance de Vaſco da Gama n'eſt pas exactement connue;

A

l'opinion la plus accréditée le fait naître à Sines, petite ville de l'Alem-tejo, l'an 1469, en sorte qu'il n'aurait eu que vingt-huit ans lorsqu'il partit, en 1497, pour son mémorable voyage. La famille des Gama, sans être de première noblesse, tenait un certain rang en Portugal, & il était lui-même gentilhomme de la maison du roi ; d'un caractère hardi & fortement trempé, d'un tempérament violent, mais avec une rare force d'âme, il fut élevé dans la carrière des armes & de la marine par son père, Estevan da Gama, qui n'était pas un homme sans valeur.

Lisbonne était alors le centre d'un mouvement maritime & en même temps intellectuel qui fixait l'attention de l'Europe; la géographie renais-sait dans cette capitale & s'enrichissait chaque jour de nouvelles con-quêtes. Poussés par l'esprit d'aventure & encouragés par leurs souverains, les navigateurs portugais s'élançaient à l'envi dans la carrière & renver-saient successivement toutes les barrières du vieil Océan. Ces glorieuses entreprises frappèrent sans doute de bonne heure l'imagination du jeune Gama, & la découverte de Colomb, dont le retentissement fut immense, dut éveiller un sentiment d'émulation puissant dans son âme. Il fallait que ce jeune homme fût doué de qualités bien éminentes pour que le roi Dom Manuel lui confiât le commandement d'une expédition préparée depuis tant d'années, & sur laquelle reposaient tant d'espérances.

Ce fut le 8 juillet 1497, cinq ans après la découverte du Nouveau-Monde, que Gama partit avec quatre navires dont le plus grand, chargé des approvisionnements, jaugeait 200 tonneaux. Le 20 mai 1498, il atteignait la côte du Malabar & jetait l'ancre devant Calicut; l'année suivante, dans les premiers jours de septembre, il rentrait à Lisbonne après deux ans d'absence, ayant perdu, pendant ce rude voyage, son frère, la meilleure partie de ses équipages & la moitié de ses vaisseaux. Mais il rapportait la solution d'un grand problème qui allait changer la face de sa patrie.

L'illustre navigateur fut reçu avec des honneurs extraordinaires par le roi Dom Manuel qui le nomma fon amiral dans l'Inde, lui conféra le titre de Dom, & lui affigna une dotation fur les revenus de l'État, par lettres patentes, en date de 1502. Quelques années plus tard, le roi le renvoya dans les mêmes contrées, à la tête d'une flotte de vingt navires qui mit à la voile le 20 février 1502. Pendant le cours de ce fecond voyage, il fonda divers établiffements fur les côtes, fortifia par des alliances & des traités l'influence naiffante du Portugal en Orient, promena partout fes armes victorieuses, châtia le roi de Calicut, & foumit celui de Quiloa en lui impofant un tribut ; il était de retour le 1er feptembre 1503, & recevait une dotation nouvelle en récompenfe de fes fervices.

Malgré les termes magnifiques du diplôme royal de 1504, il paraît que la faveur dont jouiffait Gama déclina depuis fon fecond voyage, & que fa carrière maritime fut brufquement interrompue fans que la caufe en foit connue. Tous les hiftoriens portugais s'accordent pour reprocher au roi Dom Manuel d'avoir laiffé ce grand homme dans l'inaction & dans l'oubli pendant une période de près de dix-huit ans, qui dura jufqu'à la fin de fon règne. Ce fut feulement en 1521 que le roi Jean III, fon fucceffeur, fit chercher Gama au fond de fa retraite pour l'employer encore une fois au fervice de cette patrie dont il avait fi bien mérité. Nommé vice-roi des Indes, il partit en 1524, à la tête d'une flotte de quatorze grands navires & de cinq caravelles qui portait trois mille foldats. Il emmenait fes deux fils, Eftevan & Paul da Gama, qui fuivirent tous deux, avec des fortunes différentes, les traces de leur illuftre père, le premier menant jufqu'à la fin une affez brillante exiftence, l'autre trouvant une mort tragique dans les guerres civiles de l'Abyffinie. Ce fut dans ce voyage que Gama montra la fermeté & la préfence d'efprit dont il était doué à un fi haut degré par un mot bien connu & qui peint cette âme intrépide. En approchant des côtes de l'Inde, un tremblement de terre fous-marin ébranla tout à coup les profondeurs de l'Océan & jeta l'effroi parmi les équipages : « Allons donc, dit-il à ſes compagnons conſternés, voyez-vous pas que c'eſt la terre qui tremble devant nous. » Il n'en fallut pas plus pour ranimer tous les courages.

Gama ne revit point ſa patrie; il mourut à Cochin, peu de temps après ſon arrivée, le 25 décembre 1524. La dépouille mortelle du grand navigateur fut transférée par la ſuite en Portugal, & dépoſée au couvent des Carmes-Déchauſſés de Vidigueira où il avait fait conſtruire un monument pour ſa famille. Au temps où écrivait Barboſa Machado (1750), on voyait encore, dans une chapelle du monaſtère, cette tombe illuſtre, recouverte d'un drap de velours noir, avec l'inſcription ſuivante gravée ſur une pierre :

AQUI JAZ O GRANDE ARGONAUTA

D. VASCO DA GAMA

I. CONDE DA VIDIGUEIRA, ALMIRANTE

DAS INDIAS ORIENTAES

E SEU FAMOSO DESCUBRIDOR (1)

La découverte de la route maritime des Indes ne fut pas un réſultat du haſard, comme on l'a prétendu par ignorance ou par eſprit de dénigrement, mais une œuvre préparée de longue main, pourſuivie pendant quatre-vingts ans avec perſévérance, et accomplie à l'aide des lumières que fourniſſait un ſiècle où l'art de la navigation avait fait, ſurtout en Portugal, de remarquables progrès. Dès l'an 1415, le prince Henri fondait à Sagres une académie où étaient enſeignées les connaiſſances

––––––––––––––––––––

(1) Ici repoſe le grand Argonaute, D. Vaſco da Gama, premier comte de Vidigueira, amiral des Indes orientales & leur fameux explorateur.

géographiques recueillies principalement chez les Arabes (1), & où l'on apprenait l'usage des instruments nautiques pour calculer le temps & prendre la hauteur du pôle. Déjà germait dans ce grand cœur le projet de résoudre, par la circumnavigation de l'Afrique, le problème fameux que l'antiquité nous avait légué, & que les Arabes avaient laissé intact, malgré leur esprit d'entreprise & l'étendue de leurs relations maritimes. Ce fut le prince Henri qui prépara, par son initiative, la découverte de Gama, & qui ouvrit à la nation portugaise la carrière magnifique qu'elle a remplie si glorieusement. En 1432, Gil AEnnes, l'un de ses amiraux, atteignait pour la première fois le cap Nun, &, l'année suivante, il doublait le cap Bojador; seize ans plus tard, le cap Blanc était reconnu par Nunes Tristan; enfin, en 1455, Denis Fernandes s'avançait jusqu'à la hauteur du cap Vert. La découverte de ce promontoire, vestibule du pays des Nègres, fut la dernière qui récompensa les efforts persévérants du prince que l'histoire a justement surnommé le Navigateur; mais l'impulsion était donnée & ses successeurs la suivirent. L'Océan, dépouillé de ses mystères, n'inspirait déjà plus les mêmes terreurs; les navires portugais s'élançaient hardiment dans la haute mer, en se guidant sur les étoiles, au lieu de raser timidement la côte, comme on le pratiquait dans l'origine ; tout enfin se préparait pour de plus importantes découvertes.

Sous le règne d'Alphonse V, les expéditions maritimes, un moment interrompues par la croisade contre les Turcs, reprirent avec une nouvelle ardeur. Les Portugais franchirent pour la première fois l'équateur &

---

(1) Voyez, sur les connaissances géographiques des Arabes & sur la part qui leur revient dans les grandes découvertes du quinzième siècle, la savante Introduction à la Géographie d'Aboulféda, par M. Reinaud, & le Discours préliminaire qui sert d'introduction à la Relation des voyages exécutés dans l'Inde & à la Chine par les Arabes & les Persans dès le neuvième siècle de l'ère chrétienne. (Paris, 1845 & 1848.)

découvrirent les îles de la côte de Guinée ; mais ce fut seulement sous le règne suivant que le cap des Tourmentes, ou de Bonne-Espérance, comme le roi Jean voulut qu'on le nommât, fut doublé par l'intrépide Dias qui s'avança jusqu'à la baie de Lagoa, à quatre-vingts lieues au delà.

Vasco da Gama ne s'embarqua donc point à l'aventure lorsque, dix ans plus tard, il partit de Lisbonne pour chercher, en contournant l'Afrique, la route maritime de l'Inde. Non-seulement une grande partie de son itinéraire était déjà tracée, mais on savait par Pero de Covilham qui, en 1487, s'était rendu par terre sur les lieux afin d'y recueillir des renseignements, « qu'après avoir doublé l'extrémité méridionale de l'A-frique, les navires portugais devaient se diriger, dans l'Océan oriental, sur Madagascar & Sofala. » Le grand navigateur n'hésita pas ; il n'y a nulle incertitude dans sa route ; on le voit prolonger la côte d'Afrique jusqu'à la hauteur de Mélinde, puis, à l'aide d'un pilote qu'il se procure à Mozambique, s'enfoncer dans la mer des Indes en suivant une ligne droite qui le conduit à sa destination. Un simple coup d'œil jeté sur la carte itinéraire de son voyage suffit pour dissiper jusqu'à l'ombre d'un doute.

Gama fraya la route aux Cabral, aux d'Acunha, aux d'Albuquerque, à tous ces audacieux marins qui ne se bornèrent pas à découvrir des terres, mais qui fondèrent la domination de leur patrie dans l'Inde sur des bases formidables. En 1503, la côte orientale de l'Afrique était complétement explorée; Madagascar avait été visitée, & l'île de Zanzibar, soumise à un tribut. Quelques années plus tard, Goa & Malacca tom-baient entre les mains du terrible Albuquerque, & le prestige du nom musulman s'évanouissait pour toujours dans l'extrême Orient. La prise de l'île d'Ormus & celle d'Aden assurèrent bientôt la possession du golfe Persique & de la mer Rouge aux Portugais ; alors, le mouvement commercial suivit une direction nouvelle dans ces contrées, &, des mains des Arabes, il passa entre les leurs. Dans l'intervalle d'un siècle, une petite nation dont les reſſources étaient auſſi bornées que l'étendue de ſon territoire, avait, par ſon génie, ouvert au monde les ſolitudes de l'Océan; elle avait conquis l'Afrique orientale juſqu'à Mogadoxo, & pénétré au cœur même de l'Abyſſinie; elle s'était établie en ſouveraine ſur la côte du Malabar & dans les îles de l'Océan indien, dominant le commerce du globe, fondant des établiſſements coloniaux, élevant des villes, répandant la foi catholique & pouſſant ſes courſes aventureuſes juſqu'en Chine & juſqu'au Japon; de pareils réſultats, comparés aux moyens d'exécution, nous ſemblent un des plus grands ſpectacles de l'hiſtoire.

Ce ſont les humbles commencements de cette fortune que montre le journal dont nous donnons la traduction; ſon mérite n'eſt pas un mérite littéraire; il a été tracé par une main rude, plus habituée à la manœuvre du vaiſſeau qu'aux travaux de la plume; mais il porte, à un haut degré, le caractère de la ſincérité, & il eſt empreint de cette naïveté du vieux temps qui s'efface chez les écrivains avec la fin du ſeizième ſiècle.

Il a paru deux éditions du Roteiro : la première, publiée à Porto en 1838 par MM. Diogo Kopke & do Caſtello de Paiva, ſavants profeſ-ſeurs de l'Académie polytechnique de cette ville; la ſeconde (1), à Lisbonne, en 1861, après la mort de M. Kopke, par les ſoins de ſon collaborateur & ceux de M. Herculano dont le nom jouit d'une grande réputation littéraire en Portugal. Nous avons eu les deux éditions ſous les yeux, & c'eſt la plus récente que nous avons traduite, ſans en rien retrancher, ni les diſcours préliminaires, ni les notes, car ces pièces ſont le fruit

---

(1) Roteiro da Viagem de Vaſco da Gama em MCCCCXCVII, por A. Hercu-lano e o barão do Caſtello de Paiva, ſegunda edição, Lisboa, imprensa nacio-nal, 1861. Le titre modeſte de Roteiro (Routier) n'exprime peut-être pas ſuffiſam-ment le caractère d'une œuvre à la fois hiſtorique & géographique.

d'un travail confciencieux qui complète l'intérêt du texte & l'éclaircit en tous fes points. Quant à la part qui nous revient dans cette publication, elle eft trop modefte pour mériter d'être revendiquée; c'eft aux éditeurs portugais que l'œuvre appartient en entier, c'eft à eux à en recueillir tout l'honneur.

AVERTISSEMENT SUR LA SECONDE EDITION

E récit du voyage entrepris par Vafco da Gama pour découvrir les Indes, écrit par un de ceux qui prirent part à cette
expédition navale, la plus célèbre de l'hiftoire moderne, eft
une des œuvres inédites les plus confidérables qui aient été publiées en
Portugal dans le courant du fiècle. La première édition de ce récit a été
lue & recherchée avec une telle avidité, & les exemplaires en font
devenus fi rares, que nous avons eu la penfée de le réimprimer. Nous
nous fommes efforcé, en abordant cette tâche, de faire difparaître les
imperfeftions qui exiftaient dans le texte ainfi que dans les notes de la
première édition, imperfeftions qu'il faut attribuer à l'inexpérience des
éditeurs & à leur impatience de mettre au jour, au milieu de difficultés
de plus d'un genre, un auffi précieux monument hiftorique. Tout en
reproduifant les notes antérieures, dont la rédaftion & le claffement ont
été améliorés, nous en avons ajouté d'autres, en regard du texte, prin-

B

cipalement des notes philologiques qui nous ont paru propres à en faci-
liter l'intelligence (1).

Les premiers éditeurs avaient outre-passé la mesure ordinaire des règles de la diplomatique en poussant beaucoup trop loin le scrupule de fidélité dans la transcription du manuscrit original. Une pareille exa-gération ne servait qu'à accroître les difficultés que présente la lecture d'une narration écrite avec rudesse, où la grammaire, & par suite la clarté du discours, reçoivent de fréquentes atteintes. Aussi, avons-nous réformé le j employé dans le manuscrit & dans la première édition comme supplétif de l'i, parce que ces deux signes, qui correspondent aujourd'hui à deux lettres différentes, étaient alors deux formes arbi-traires de la même lettre, le j ne servant pas seulement à représenter le son de l'i, mais l'i à représenter le son du j. La même raison nous a conduit à substituer au système de numération romaine, tel qu'il était usité dans les derniers siècles du moyen âge, & même pendant une bonne partie du seizième, le formulaire correct que la Renaissance des lettres & l'étude des monuments lapidaires latins ont mis en vigueur depuis, & que les paléographes ont adopté en l'appliquant aux manuscrits du moyen âge, sans penser que l'exactitude de la transcription dût en être moins rigoureuse. Partout ailleurs nous avons conservé avec le même scrupule que nos prédécesseurs l'orthographe barbare de l'auteur qui, appartenant à une classe peu cultivée, exagerait, en écrivant, des fautes communes alors même parmi les meilleurs écrivains de l'époque.

Nous nous proposons de suivre, dans cette nouvelle édition, le système généralement adopté pour la publication des anciens auteurs inédits, c'est-à-dire de suppléer aux lacunes qui existent dans le texte par omis-sion de lettres ou de syllabes au moyen de caractères italiques. Un document de cette importance, qui appartient à l'histoire des nations modernes de l'Europe & qui ne concerne pas uniquement la nôtre, est

---

(1) *Les notes philologiques, sans intérêt pour le lecteur français, ont été sup-primées dans la traduction.* (Tr.)

non-*feulement utile aux nationaux*, *mais encore aux étrangers qui s'occupent de recherches fur les expéditions maritimes & fur les découvertes du quinzième & du feizième fiècle. Pour eux, de femblables lacunes ajouteraient une difficulté de plus à l'intelligence d'un écrit déjà fuffifamment barbare. C'eft auffi principalement à leur intention que nous avons indiqué en note la véritable acception de certains mots étrangement défigurés, & que nous avons pris foin de marquer l'accentuation, toutes les fois qu'une omiffion de ce genre pouvait donner lieu à une erreur ou produire quelque obfcurité, aimant mieux pécher en cette circonftance par excès que par omiffion.*

La néceffité de rectifier certaines opinions inexactes, & de mettre plus d'ordre dans le développement des idées, nous a conduit à effectuer diverfes fuppreffions ou modifications dans l'avant-propos & les notes de la première édition. Ainfi, nous avons retranché ce qui fe rattachait au récit de l'évêque Oforius dans la note finale de la page 9. La confpiration contre Vafco da Gama, ainfi que la répreffion des confpirateurs, font racontées avec détail par Gafpar Correia, dans les Lendas da India, & il eft facile d'expliquer le filence de Caftanheda, de Barros & de Goes, par la crainte malentendue de ternir le luftre des compagnons de Gama. Nous avons auffi jugé convenable de faire rentrer dans l'avant-propos les conjectures émifes dans une note finale fur l'état inachevé du JOURNAL, ainfi que le paffage relatif aux récompenfes que le roi D. Manuel accorda à Vafco da Gama : c'était là leur véritable place. Enfin, en reproduifant en appendice un document relatif à ces récompenfes, imprimé d'une manière incorrecte dans l'édition précédente, nous en avons ajouté un autre non moins précieux pour la biographie du grand navigateur qui nous ouvrit l'Orient (1).

Tout à l'heure nous faifions allufion aux Lendas da India de Gafpar Correia ; on peut dire que la publication de ce livre entreprife par

(1) *Le texte porte :* Do defcubridor do Oriente.

l'Académie eſt venue donner une valeur nouvelle au Journal du voyage de Gama. Inférieures, pour la forme, aux Décades de Barros & même, ſi l'on veut, à la rude hiſtoire de Caſtanheda, les Légendes, pour le fond, ſont bien ſupérieures aux premières, ainſi qu'au récit modeſte mais évidemment véridique de ce dernier écrivain. La grande autorité d'un homme qui prit une large part aux événements qu'il raconte & qui, pendant longtemps, fut placé dans une excellente poſition pour bien juger des affaires de l'Inde, s'aſſocie à la naïveté, dans le livre de Correia, & l'on croit voir, à travers la ſimplicité de ſon ſtyle, une peinture ſi exaĉte & ſi naturelle des faits, qu'il inſpire la confiance au degré le plus éminent. Dans le récit du voyage qui aboutit à la découverte, comme ſur bien d'autres points de notre hiſtoire dans l'Inde, les Légendes ſont décidément ſupérieures à ce que Barros & Caſtanheda nous ont laiſſé. La vie intime des hommes qui tentèrent & menèrent à fin une entrepriſe ſi haſardeuſe, les phaſes morales, les péripéties de l'expédition, la lutte des paſſions humaines ſur le théâtre circonſcrit de trois navires, tout eſt repréſenté avec de vives couleurs & de fermes contours dans le récit de Gaſpar Correia. Mais les faits extérieurs de l'expédition, ſi nous pouvons nous exprimer ainſi, demeurent ſouvent vagues & indécis, lorſqu'ils n'ont pas été omis. C'eſt le Journal qui vient compléter l'œuvre du chroniqueur & qui, s'y aſſociant, nous fait connaître parfaitement aujourd'hui, dans toutes ſes circonſtances, un des faits les plus conſidérables de l'hiſtoire des nations modernes.

En reproduiſant dans cette édition la carte itinéraire de la flotte, nous devons avertir que cette carte, bien que fondée en grande partie ſur des conjeĉtures, eſt, autant que poſſible, la reproduĉtion graphique du récit dans les paſſages qui la concernent; quant à la partie conjeĉturale du tracé, on s'eſt appuyé ſur ce que l'on fait encore aujourd'hui des différentes routes que les navigateurs avaient coutume de ſuivre, depuis la découverte, dans le trajet immenſe du Portugal aux Indes. Travail ſavant & conſciencieux de l'un des premiers éditeurs, M. Kopke, jeune homme de grande eſpérance, enlevé prématurément aux lettres, nous

nous faifons un devoir de le reproduire avec une fidélité fcrupuleufe.

C'eft par un fcrupule du même genre, qu'avant de placer dans cette édition le portrait de Vafco da Gama qui exiftait dans la première, nous avons voulu recourir au type, c'eft-à-dire à une copie de la peinture originale confervée dans le palais des gouverneurs de l'Inde, copie que l'archevêque de Goa, D. Francifco de Brito, fit exécuter, & qui a été gravée dans l'ouvrage intitulé : Retratos e buftos de Varões e Donas. Les acceffoires de ce portrait avaient été modifiés dans la première édition ; mais nous avons penfé qu'il valait mieux lui rendre fa fimplicité primitive, & conferver au grand amiral fon coftume & fes ornements tels qu'ils font repréfentés dans le tableau qui nous a fervi de modèle (1).

Dans la première édition, le texte était précédé d'une gravure repréfentant le départ de la flotte, entre deux obélifques ; on voyait, en bas, la face & le revers d'une médaille que le roi D. Manuel fit frapper en mémoire de la découverte. Cette œuvre d'imagination ne nous a point paru s'adapter d'une manière heureufe à un récit comme celui auquel elle fervait d'introduction ; la médaille même, plus purement gravée dans le tome IV de l'Hiftoire généalogique de Souza, n'offre pas un grand intérêt. Nous avons remplacé cette planche par un portrait inédit du roi D. Manuel, peint en frontifpice fur un des livres intitulés de Leitura Nova (1° de Alemdouro) dans les archives de Torre do Tombo. La beauté des enluminures qui ornent les premiers volumes de cette vafte collection, parmi lefquels ceux d'Alemdouro font les plus anciens, nous

---

(1) *Ce portrait, malgré le choix qu'en ont fait les éditeurs portugais, manque effentiellement de caractère. Nous avons préféré celui qui exifte à Lisbonne, dans la galerie du comte de Farrobo, & qui paffe également pour une peinture contemporaine. Vafco da Gama, d'après ce que nous en favons, était gros & de taille moyenne ; il avait le teint coloré, l'expreffion du vifage févère & le tempérament colerique. (Tr.)*

perſuade que le portrait devait être d'une haute reſſemblance. Nous ſommes au moins certains qu'il eſt de date contemporaine (1).

Le portrait de D. Manuel & celui de Vaſco da Gama ſont accompagnés des ſignatures reſpeElives de ces deux perſonnages — ho conde almirante — Rey. Le fac-ſimile du manuſcrit eſt le même que celui de la première édition. On y avait joint, par des motifs expoſés dans l'avant-propos, la ſignature de Caſtanheda, mais avec doute ſur l'authenticité. Ce doute était ſans fondement. Tous les exemplaires de l'Hiſtoire de l'Inde que nous avons eus ſous les yeux portent la ſignature de l'auteur, qui eſt indubitablement la même. Quant à la copie qui exiſte du Journal, il ſerait difficile de prouver qu'elle eſt de la main de Caſtanheda, quand même on retrouverait quelque écrit de cet hiſtorien plus étendu qu'une ſimple ſignature. L'écriture curſive employée dans ce manuſcrit eſt d'un type extrêmement commun dans la première moitié du ſeizième ſiècle, & on ne ſaurait l'attribuer ſans témérité à un écrivain déſigné.

(1) *Nous n'avons pas reproduit ce portrait qui, ſans doute, a été mal rendu par la lithographie, car il eſt plat, ſans relief, ſans vigueur, & il manque même de cette naïveté qui eſt le cachet des œuvres de l'époque.* (Tr.)

A découverte de l'Inde a fourni au Portugal la plus belle page de fon hiftoire. L'audace de ceux qui tentèrent & qui menèrent à fin cette entreprife, à travers tant de périls & de fouffrances, quand l'art de la navigation n'offrait encore que des moyens bornés & qu'une terreur fuperftitieufe interdifait l'accès de ces mers inconnues, eft la preuve la plus éclatante de l'énergie des anciens cœurs portugais. Trois fiècles de révolutions élevant ou abaiffant la fortune des peuples de l'Europe; le fceptre des mers paffant avec rapidité de Venife & de Gênes au Portugal, du Portugal à l'Efpagne, de l'Efpagne à la Hollande, de la Hollande à l'Angleterre; tous ces événements, liés à la conquête de l'Inde, donnent à la découverte de Gama le caractère d'un fait européen, d'un fait auquel vient fe rattacher l'hiftoire moderne de ces peuples qui lui durent leur grandeur & leurs maux. Du fond de l'Adriatique jufqu'aux rivages lointains des Hébrides, le nom de l'Inde retentit comme un cri douloureux, éveillant à la fois des fouvenirs de gloire & des remords. Que de crimes, en effet, a produits cet Orient

xvj

*fi convoité, & combien de larmes ont payé fes aromates, fes épices
& fon or! Quelle nation pourrait fe flatter d'avoir régné fur l'Hindouftan fans que fon titre de propriété n'ait été fouillé de trahifons,
de parjures & de barbarie! Le Portugal a expié par plus de deux fiècles d'opprobre & d'amertume quatre-vingts ans de crimes, & il a
payé fa dette envers Dieu & envers les hommes. Nos conquêtes d'Afie
ont paffé en des mains étrangères, & une gloire pure, dégagée de nuages,
eft le feul héritage qui nous revient de nos aïeux. Ce sera donc une
œuvre patriotique que de mettre en lumière tout ce qui peut rappeler
leurs exploits en Orient : auffi croyons-nous être utiles en entreprenant
la publication de ce Journal.*

*Le manufcrit que nous offrons au public appartenait au monaftère de
Santa Cruz de Coïmbra, d'où il fut enlevé, avec les autres manufcrits
qui compofaient l'ancienne & précieufe collection du couvent, pour enri-
chir la bibliothèque de Porto où il fe trouve aujourd'hui.*

*On voit qu'il n'eft pas autographe aux lignes fuivantes de la
page 64 (1) : l'auteur de ce livre a oublié de nous apprendre
comment font faites les armes dont il parle. Cette intercalation eft
évidemment une note du copifte qui a tranfcrit l'original. Toutefois, on
reconnaît, au caractère de l'écriture, que cette copie ne faurait être
poftérieure aux commencements du feizième fiècle, ce dont peut fe convaincre un lecteur exercé, en jetant les yeux fur le fac-fimile des premières
lignes qui ont été reproduites dans cette publication.*

*Le volume porte actuellement le n° 804, d'après l'ordre provifoire
établi dans la bibliothèque de Porto. Le format eft in-folio; le papier,
de confiftance moyenne, eft d'une teinte affez foncée; outre les empreintes
ordinaires de la forme qui règnent dans le fens longitudinal, on diftingue
la marque de fabrique, telle qu'elle eft figurée fur la planche précédemment citée. La couleur de l'encre, quoique un peu altérée, eft encore très*

(1) *Page 87 de la feconde édition.* (Tr.)

Signature de Fernam Lopes de Castanheda.

Marque de fabrique du papier

Impr. Louis Perrin, Lyon.

nette. Le corps du volume se trouve séparé, par l'effet de l'usage, de la
feuille de parchemin (provenant de quelque livre d'office) qui lui servait
tant bien que mal de couverture ; il commence & finit par une feuille
blanche dont la contexture & la marque dénotent une fabrication plus
moderne que celle du papier sur lequel il est écrit ; on distingue, sur la
première, trois lignes d'une écriture moins ancienne que celle du manuscrit, &, malgré le soin qu'on a pris de les effacer, on parvient à lire
ce qui suit :

Pertinet ad usum fratris Theotonij de Sancto G.... Canonici
regularis in Cenobio
S^{cte} Crucis.

Immédiatement après, on lit :

Dō Theotonio.

Et enfin, presque au bas de la page, en caractères de nos jours, &
probablement de la main d'un des bibliothécaires du susdit monastère,
ce titre :

Descobrimento da India por D. Vasco da Gamma,

qui se trouve répété, de la même écriture, sur le recto de la couverture
de parchemin, & en haut de la page par où commence le manuscrit.

Jusqu'à ce jour il n'a été imprimé, sur le voyage entrepris pour découvrir les Indes, aucun livre qui ait été écrit par un témoin oculaire de
cet événement. Le seul mémoire contemporain est la relation que Ramusio
fit paraître en 1554, sous le couvert d'un gentilhomme florentin, de
passage à Lisbonne à l'époque du retour de Vasco da Gama; rédigée
d'une manière assez confuse, comme un récit dont les éléments mal digérés
ont été puisés à plusieurs sources, il s'en faut de beaucoup que cette
œuvre puisse être considérée comme une relation historique de la découverte des Indes (1).

Notre bibliographe Barbosa Machado attribue à Vasco da Gama lui-

C

*même une relation de ce voyage, mais sans nous dire où elle existe, &
en ajoutant qu'elle n'a jamais été imprimée. A la page 775 du tome III
de la* Bibliotheca Lusitana (1752) *on trouve, après l'éloge de Vasco
da Gama, la note suivante :*

« Il a écrit la Relation du voyage qu'il fit aux Indes en 1497.
Cet ouvrage & son auteur sont mentionnés dans Nicoláo Antonio,
Bib. Hisp. Vet. *lib.* 10, *cap.* 15, § 843, *& dans Antonio de Leão,*
Bib. Ind., *tit.* 2°, *ainsi que dans le tome I, tit.* 2, *col.* 25 *de son
continuateur.* »

*Nous n'avons pu vérifier la citation de Barbosa qui concerne Antonio
de Leão par la raison qu'il nous a été impossible de nous procurer son
ouvrage; mais, quant à celle qui est tirée de la* Bibliotheca de Nicoláo
Antonio, *nous trouvons, dans l'édition de* 1672 *ainsi que dans celle de*
1788 *(postérieure à Barbosa Machado), les lignes suivantes, à l'endroit
indiqué :*

« Vascus da Gama.... dedit reversus Emmanueli suo regi populari
Portugaliæ idiomate navigationis suæ ad Indiam anno MCDXCVII rela-
tionem, quæ lucem vidit : » *d'où l'on pourrait conclure que cette
œuvre a été imprimée. On doit hésiter, néanmoins, à donner aux mots*
quæ lucem vidit *employés par Nicoláo Antonio l'acception ordinaire
de* fut imprimée, *car nous avons remarqué que cet auteur n'en a pas
toujours fait un usage scrupuleux, & qu'il s'en est servi quelquefois
pour des ouvrages qui n'ont jamais cessé d'être manuscrits. La note
suivante, tirée de la* Bibliotheca Hispana Nova *(éd. de* 1788), *tome II,
p.* 399, *en fournit un exemple :* « Anonymus Lusitanus, in eadem bibliotheca servatus, dedit in lucem, *lusitanè:* Derrotero desde Lisboa al
Cabo de Buena Esperanza y India oriental, cum figuris versicoloribus.
Ms. in-4°. »

*Il est regrettable qu'aucun des bibliographes cités ne nous ait fait
connaître la source de ses informations, & que Barbosa, notamment,
nous ait laissé douter si celles qu'il nous transmet furent le résultat de
ses recherches personnelles, ou s'il se borna à copier les deux autorités*

*eft également préfumable qu'il fut auffi l'un de ceux que Caftanheda a
défignés nominativement. Or, le contexte de l'œuvre exclut d'abord &
de la manière la plus évidente Diogo Dias, Fernão Martins, le* veador
*de Vafco da Gama (quel qu'il fût), ainfi qu'Alvaro de Braga; il faut
écarter également João de Sá, d'après les confidérations fuivantes:
1° parce que l'auteur était un fimple foldat ou un matelot (mais plus
vraifemblablement un matelot), comme on peut l'inférer des expreffions*
nous autres, *quelques-uns de* nous autres, *dont il fe fert en différents paffages, lorfqu'il parle de ceux de fa claffe d'une manière générale
& par oppofition aux capitaines; 2° à caufe d'une circonftance rapportée
par Caftanheda (liv. 1, c. 16) qui montre que João de Sá doutait
beaucoup du* Chriftianifme (1) *des habitants de Calicut, tandis que
notre auteur paraît y avoir cru fermement; 3° en raifon de certains
fervices du bord, tels que fondages, auxquels il nous apprend qu'il
fut employé (p. 24 de l'Ed. portug.), & qui convenaient mieux à un
marin qu'à un homme de plume, bien que nous fachions par l'hiftoire
que João de Sá fut auffi foldat & marin; 4° enfin à caufe du ftyle
& de la compofition de l'ouvrage qui femblent dénoter clairement
l'humble condition de notre auteur.*

*Il pourrait exifter quelque doute entre les deux noms qui nous reftent,
fi Caftanheda ne nous venait en aide. De ces deux noms, favoir:
Alvaro Velho & Gonçalo Pires, le dernier doit demeurer en dehors de
toute conjecture quant à l'attribution du Journal, fi l'on compare les
paffages correfpondants de Caftanheda & de notre auteur, où l'on voit
le premier mettre en fcène Gonçalo Pires, & le fecond diftinguer celui-ci
de fa propre perfonne.*

---

(1) *Le texte porte:* Levou comfygo dos feus treze homens, dos quaees eu
fuy huum delles, *il emmena avec lui treize des fiens, & moi-même je fus l'un
d'eux.* (Tr.)

pourrait croire qu'ils ont voulu parler de D. Luiz Carlos de Menezes,
comte d'Ericeira, qui fournit un volume de corrections & d'additions
à D. Joseph de Mariavel, lorfque celui-ci fit paraître, en 1753, une
traduction efpagnole, augmentée, du Dictionnaire de Moreri; cependant
il eft permis d'en douter: d'abord parce que les éditeurs français n'auraient pas manqué de dire un mot de la haute pofition du comte;
enfuite, parce que l'on comprendrait difficilement, qu'après leur avoir
fourni des mémoires originaux fur les écrivains portugais, il eût quelque motif pour donner enfuite un volume d'additions & de corrections
au traducteur efpagnol. (V. Mariavel dans fa préface & la Bibl.
Lufitana fur « D. Luis Carlos de Menezes. ») Notons, toutefois, que
l'éditeur efpagnol, en confervant la phrafe des éditeurs français, infifte
avec un peu plus de force fur l'impoffibilité de rencontrer la relation
de Vafco da Gama; « No fe halla, dit Mariavel, ni fe encuentra. »

Au refte, quel que foit le bibliographe, nous n'en penfons pas moins
qu'il s'eft trompé, lui, & tous les autres écrivains que nous avons cités.

Lorfque Ramufio forma fa collection de voyages, il ne négligea rien
pour fe procurer les ouvrages imprimés & manufcrits les plus propres,
par leur réputation & leur véracité, à concourir au but qu'il s'était
propofé de réunir en un feul corps d'ouvrage toutes les notions fur
la navigation & les découvertes modernes. Il fuffit de lire les avant-
propos des Giunti, éditeurs de la collection, pour en demeurer con-
vaincu, ou de fe rappeler qu'elle renferme plufieurs relations écrites
par des Portugais, que nous ne connaîtrions pas fans cette publication.
Ceci pofé, on croira difficilement que le récit du voyage de Vafco da
Gama, écrit de fa propre main, fût affez peu connu pour échapper aux
inveftigations de Ramufio; on le croira d'autant moins qu'un femblable
oubli ne faurait s'expliquer par l'abondance des matériaux, puifque, pour
inférer dans fon Recueil quelque chofe fur la découverte des Indes, il
fe fervit du livre III de la première Décade de Barros qui avait publié,
peu de temps auparavant, les deux premières Décades de fon Afia.

Une autre confidération, c'eft que parmi les citations empruntées à

tant d'ouvrages complétement perdus aujourd'hui, par ceux de nos hiftoriens qui ont traité des chofes de l'Orient, on ne trouve, à notre connaiffance, aucune trace de la relation de Gama ; évidemment, fi elle eût
exifté, elle aurait joui d'une grande réputation, comme étant l'œuvre
de l'homme le plus capable d'écrire l'hiftoire de cette périlleufe &
glorieufe entreprife. Ces preuves négatives font corroborées, d'un autre
côté, par l'ignorance où nous laiffe Barbofa ainfi que les autres bibliographes précédemment cités fur la manière dont ils ont eu connaiffance
de l'œuvre de Vafco da Gama. Ainfi, tout nous porte à croire que la
« Relation » de l'amiral eft un rêve bibliographique qui a eu, peut-
être, une origine fort fimple, fur laquelle nous allons hafarder notre
opinion.

Il eft probable que le manufcrit que nous publions fut fignalé aux
favants qui fe font occupés de notre hiftoire littéraire fous le titre qu'il
portait dans la bibliothèque de Santa Cruz, comme on peut l'inférer de
ce que nous avons dit précédemment, c'eft-à-dire fous celui de Relation
de la découverte des Indes par D. Vafco da Gama, ou tout autre
titre analogue. Il peut bien être arrivé que la prépofition par, appliquée
au mot découverte par celui qui communiqua la note, ait été rapportée,
par le bibliographe qui la reçut, à D. Vafco da Gama qui aura été
confidéré, en raifon d'une équivoque dans la conftruétion grammaticale,
comme auteur de la fufdite relation. Cette explication nous paraît la
plus vraifemblable ; nous pouvons même préfumer, fans être taxé de
témérité, que ce fut le manufcrit dont nous offrons le texte au public
qui induifit à croire que l'auteur de la découverte des Indes avait
écrit la relation de fon voyage. Au moins, en l'abfence de cette relation,
eft-il permis de concevoir des doutes fur fon exiftence, & de former des
conjeétures fur l'origine la plus probable d'une femblable tradition
littéraire.

Quant à l'auteur de notre manufcrit, nous n'avons rien pu découvrir
fur fon compte. On peut conclure de la contexture de l'œuvre que ce
ne fut ni un des capitaines, ni un des pilotes de la flotte, mais un

fimple foldat ou matelot appartenant à l'équipage du vaiffeau de Paul da Gama, frère de l'amiral; on peut même fuppofer qu'il n'était pas fans quelque valeur, car nous le voyons parler de lui-même à la première perfonne, dans des circonflances où il eft fort à croire que le fervice était confié à des individus choifis. A Calicut, il fut un des douze que Vafco da Gama emmena avec lui, lorfqu'il y débarqua pour fe rendre à l'audience du Zamorin; & ce fait, infuffifant à la verité pour nous le faire complétement connaître, nous permet déjà de hafarder quelques conjectures. Caflanheda, dans fon Hiftoire de la Découverte, &c., nous a confervé les noms de plufieurs d'entre eux : il nomme Diogo Dias, comptable de Vafco da Gama; Fernão Martins, fon interprète; fon veador (1) (qu'il ne défigne pas autrement); João de Sá, comptable de Paul da Gama; un marin appelé Gonçalo Pires qui avait été élevé avec le commandant en chef; un Alvaro Velho, enfin Alvaro de Braga, comptable de Nicoláo Coelho. Maintenant, en admettant, comme nous le démontrerons plus loin, que notre manufcrit ait été la principale fource où Caflanheda puifa les documents de fon hiftoire, il eft infiniment probable, en confidérant furtout l'époque où il vécut & les peines qu'il fe donna pour rechercher la vérité, que l'auteur ne lui était pas inconnu; & comme celui-ci déclare qu'il fut un des douze dont nous avons parlé (p. 54 de l'Ed. portug.) (2), il

---

(1) *Le veador était un officier chargé de veiller à tout ce qui concernait le fervice de la table. Le veador du Roi prenait rang immédiatement après le mordomo; c'était une charge de confiance dont était toujours revêtue quelque perfonne confidérable. La nobleffe avait auffi fes mordomos dont les fonctions étaient plutôt honorifiques que lucratives. (Tr.)*

(2) *Nos premiers navigateurs eurent l'imagination remplie des récits exagérés qui couraient fur le caractère religieux du Prêtre Jean que l'on difait chrétien; ayant rencontré quelques-uns des prétendus chrétiens de San Thomé, & ne connaiffunt guère de religion qui ne fût pas la leur ou l'iflamifme, ils crurent naturellement, à leur début, que les Hindous profeffaient le chriftianifme.*

qu'il cite. Bien qu'il s'exprime avec plus de réserve que Nicoláo Antonio sur l'impreſſion de la relation de Gama, cette circonſtance ne ſuffit
pas pour diſſiper notre incertitude, car il pouvait fort bien avoir conçu
des doutes sur la publication d'un livre qu'il n'avait jamais rencontré.

La tradition (comme l'appelle Joſé Carlos Pinto de Souſa dans ſa
Bibliotheca hiſtorica) qui attribuait à Vaſco da Gama une relation
écrite de ſon premier voyage finit par être généralement répandue. La
série toute entière des Diʤionnaires hiſtoriques français nous offre la
note ſuivante, reproduite d'édition en édition :

« On dit qu'il publia une relation de ſon premier voyage aux Indes,
mais elle ne s'eſt pas retrouvée. » Cette phraſe ſe lit pour la première
fois dans l'édition de 1732 du Diʤionnaire de Moreri, mais avec la
note additionnelle, Bibliotheca Portugueſa Manuſcripta.

Nous ne pouvons qu'émettre des conjeʤures sur l'auteur de cette
Bibliothèque portugaiſe, les éditeurs du Diʤionnaire ne l'ayant pas
nommé ; toutefois, dans leur préface, en traitant des améliorations
introduites dans leur nouvelle édition, ils s'expriment ainſi : « Ce qui
regarde en particulier l'hiſtoire littéraire du Portugal ayant été oublié
dans toutes les éditions de ce Diʤionnaire, & l'Académie, que le roi
(de Portugal) vient d'établir avec tant de gloire dans ſa capitale, ayant
attiré l'attention des réviſeurs sur les ſavants de ce royaume, qui, bien
qu'en grand nombre, ſont preſque inconnus en France ; un écrivain portugais, homme judicieux & d'une érudition très-étendue, a fourni des
mémoires tirés d'une bibliothèque portugaiſe que cet auteur eſpère publier
inceſſamment dans ſa langue naturelle. » On ne rencontre rien, dans
le cours de l'ouvrage, qui aide à ſoulever le voile de l'anonyme portugais. Que ce ne ſoit point Barboſa Machado (qui déjà, en 1724,
avait commencé & même fort avancé ſa Bibliotheca, comme on peut
le conclure de la page 23 de ſa préface), le fait eſt plus que probable,
car il n'aurait pas oublié, en mentionnant juſqu'aux éloges les plus
inſignifiants dont ſon œuvre avait été l'objet avant d'être livrée à l'impreſſion, le tribut des éditeurs de Moreri, s'il ſe fût adreſſé à lui. On

CASTANHEDA	L'ANONYME
Liv. I, c. 21.	Pag. 54.
Le gouverneur . . . . . conduifit Vafco da Gama le long de la plage, & comme il fe méfiait de ces gens-là après ce qui lui était arrivé à Calicut, *il donna ordre à* Gonçalo Pires, le marinier, *d'aller en avant auffi loin qu'il pourrait avec deux de nous autres, &, dans le cas où il rencontrerait* Nicoláo Coelho *avec les chaloupes, de lui dire de fe cacher.....*	*Pour lors ils nous menèrent le long de la plage. Et le commandant foupçonnant quelque mauvais deffein, envoya* trois hommes en avant; *s'ils trouvaient les embarcations des navires & que fon frère y fût, ils devaient lui dire de fe cacher...*

Les deux auteurs racontent enfuite comment ces trois hommes s'éga-rèrent en quittant la fuite du commandant en chef, puis ils ajoutent :

CASTANHEDA	L'ANONYME
(Ibidem).	Pag. 56.
Sur ces entrefaites, arriva Gon-çalo Pires *avec un meffage de* Nicoláo Coelho *qui l'attendait avec les embarcations...*	*Et fur ces entrefaites, furvint* un des hommes *qui s'étaient fé-parés de nous la veille au foir, & il dit au commandant que* Nicoláo. Coelho *était là depuis la nuit précé-dente avec les embarcations...*

Ainfi donc, il nous refte Alvaro Velho, *que l'on peut fort bien foup-çonner d'être l'auteur de la relation que nous publions. Il eft évident, néanmoins, que ceci ne dépaffe pas les bornes d'une fimple conjeâture, fondée fur les prémiffes que nous avons pofées, c'eft-à-dire fur la con-naiffance que* Caftanheda *eut de notre auteur, & fur la véracité bien connue de l'infatigable hiftorien de la découverte des Indes, qui ne s'en eft point départi dans les paffages que nous avons cités.*

*Quant au parti que Caſtanheda a tiré de notre manuſcrit, on en jugera par un ſeul fait, c'eſt que la majeure partie du premier livre de l'*Hiſtoire des Indes *a été copiée preſque littéralement ſur le* Roteiro, *comme le leĉteur peut aiſément s'en convaincre en comparant les deux ouvrages. La concordance deviendra ſurtout manifeſte ſi l'on conſulte, dans cet examen, la première & très-rare édition du livre I, imprimée en* 1551, *où, ſans parler de la preſque identité qu'offre le texte dans ſon enſemble, on trouve, au chapitre XXVIIe, le paſſage ſuivant qui paraît aſſez ſignificatif :* « Les pilotes dirent qu'on était ſur les bas-fonds du Rio Grande ; quant aux autres particularités concernant la route que ſuivit le commandant en chef, depuis là juſqu'à l'île de Santiago, je n'ai jamais pu les connaître ; ſeulement, etc. » *Dans l'édition ſuivante, de* 1554, *cette phraſe a été retranchée, ſans que la ſuppreſſion ſoit juſtifiée par l'introduĉtion de circonſtances ou de faits nouveaux. Ce qui eſt bien certain, c'eſt que dans la première comme dans la ſeconde édition du livre de Caſtanheda, la narration circonſtanciée du voyage ne dépaſſe pas le point où s'arrête l'itinéraire que nous publions, ce qui confirme pleinement l'opinion que cet écrit fut bien la ſource où puiſa l'auteur de l'*Hiſtoire des Indes (11).

Lorſque ce manuſcrit tomba pour la première fois entre nos mains, la circonſtance qu'il provenait de Coïmbre où Caſtanheda écrivit & publia ſon ouvrage, la certitude qu'il y avait puiſé ſes matériaux, comme on l'a vu, au moins en ce qui concerne le premier voyage aux Indes, enfin la reſſemblance de l'écriture avec une ſignature que l'on peut attribuer avec quelque fondement à Fernão Lopes de Caſtanheda, *& que l'on voit à la fin d'un exemplaire du premier livre de l'édition de* 1554, *appartenant à la bibliothèque de Porto; tout, enfin, nous perſuada que nous avions ſous les yeux le propre manuſcrit dont il ſe ſervit pour la compoſition de ſon hiſtoire, & même une copie de ſa main; en effet, il nous apprend qu'il paſſa vingt ans de ſa vie à recher-cher & à tranſcrire les mémoires qui ſe rattachaient à ſon ſujet, travail qu'il effeĉtua au grand dommage de ſa fortune & de ſa ſanté. Mais*

D

comme, en matière d'écriture, il eſt extrêmement difficile de réſoudre la queſtion d'identité par l'examen de ſimples ſignatures, nous ſongeâmes auſſitôt à effectuer des recherches à l'univerſité de Coïmbre (où Caſtanheda fut bedeau (1) & conſervateur des archives), afin de nous procurer des fac-ſimile de ſon écriture courante ainſi que de ſa ſignature ; malheureuſement juſqu'à préſent (par des raiſons ſur leſquelles il eſt inutile d'inſiſter), nous avons été déçus dans nos eſpérances. En attendant, nous offrons à nos lecteurs un fac-ſimile de la ſignature dont il s'agit, non pas ſeulement à titre de curioſité, mais comme un fil qui ſervira peut être à guider les inveſtigateurs futurs.

Nous terminerons cette longue ſérie de doutes & de conjectures par une obſervation : c'eſt que probablement toute incertitude ceſſerait ſi l'on pouvait ſe procurer le catalogue des manuſcrits de Sancta Cruz de Coïmbre (& il nous paraîtrait incroyable que ce catalogue n'exiſtât pas) ; en admettant qu'il ne nous fournît pas les moyens de ſoulever complétement le voile de notre anonyme, nous pourrions toujours en tirer des lumières qui nous aideraient, ſoit à repouſſer par des arguments ſans réplique l'opinion qui attribue à Vaſco da Gama une relation de ſon voyage, ſoit à fortifier nos conjectures ſur l'auteur de celle que nous publions.

Quant au mérite du ſtyle & de l'expreſſion, on ne trouvera rien, dans cette œuvre inédite, qui ait la moindre valeur ; comment s'en étonner, puiſqu'il s'agit d'un livre écrit par un ſoldat ou un matelot, à une époque où les érudits eux-mêmes ont failli bien ſouvent, dans

---

(1) C'eſt un officier ſubalterne de l'univerſité qui marche devant le Doyen, portant une hallebarde. Il prend note des élèves qui aſſiſtent aux cours, fixe la place que chacun d'eux doit occuper dans les cérémonies publiques, proclame les licenciés & les docteurs, & remplit d'autres fonctions du même genre. Il y avait autrefois des bedeaux dans nos univerſités ; ils ont été remplacés par de ſimples appariteurs. (Tr.)

leurs écrits, aux règles de la grammaire ? Au surplus, ce n'est ni dans
l'expression, ni dans le style, que consiste le mérite d'une semblable com-
position ; son vrai mérite est d'avoir été écrite par un témoin oculaire
du fait prodigieux de la découverte des Indes (1).

En traçant (aussi exactement qu'il est possible) sur la carte itinéraire
du voyage de Vasco da Gama la route suivie par ce navigateur, nous
avons voulu montrer combien sont mal fondées les assertions qui se
sont produites à l'étranger, & même dans notre propre pays, sur l'ignorance de ceux qui découvrirent les Indes & le hasard qui les y conduisit.
Nous citerons, notamment, le conseiller Antonio de Mariz Carneiro,
cosmographe en chef du royaume, qui, dans son livre intitulé : Regi-
mento de Pilotos e Roteiro da Navegação da India (Lisbonne,
1642), s'exprime ainsi :

« L'Inde fut découverte au temps du Roi Dom Manuel, en l'an 1497,
par Dom Vasco da Gama, gentilhomme de sa maison ; en naviguant
le long des côtes de Guinée & d'Angola, il arriva au cap de Bonne-
Espérance, où les terres australes qu'il suivait depuis un si grand
nombre de jours venant à lui manquer, guidé plutôt par Dieu Notre-
Seigneur que par des renseignements ou des routiers capables d'indiquer
en quelle partie du monde l'Inde se trouvait, il ne craignit pas, sans
autre appui que sa ferme volonté & son invincible courage, de doubler
le susdit cap, &c. »

Lorsque des écrivains nationaux défigurent ainsi les faits, il ne faut
pas s'étonner de voir les peuples étrangers adopter des idées préjudiciables

---

(1) Nous supprimons ici un passage qui s'adresse exclusivement aux lecteurs portugais ; les éditeurs exposent les motifs qui les ont décidés à conserver l'ancienne
orthographe & jusqu'aux solécismes du Roteiro ; ils ajoutent qu'ils se sont écartés,
dans deux cas seulement, du rigoureux devoir de copistes : 1° en mettant des ma-
juscules aux noms propres & en améliorant la ponctuation ; 2° en corrigeant un
petit nombre de fautes qui sont évidemment des fautes de transcription. (Tr.)

à notre renommée, jufques dans l'expreffion, car elles doivent fe traduire
chez eux en termes moins mefurés. Déjà Pedro Nunes avait dit, dans fa
Defensão da Carta de Marear, que « ces découvertes de côtes, d'îles,
de continents, ne s'étaient point faites au hafard, mais que nos navigateurs s'embarquaient munis d'inftruments & parfaitement inftruits des
règles de l'aftrologie & de la géométrie. » Il fuffit, en effet, de jeter
un fimple coup d'œil fur la généralité de nos hiftoriens, pour y trouver
la preuve que « notre navigation fut calculée fagement, d'après de
profondes combinaifons & des conjeſtures d'un ordre fupérieur ; qu'elle
eut pour guides les principes de la Cofmographie & de la Géographie,
fondements de l'Art nautique ; qu'elle fut tracée fur un plan lumineux,
conftant & régulier ; enfin, conduite à l'aide d'inftruments nouveaux,
d'après les règles de l'Aftronomie & de la Géométrie (1). »

Vafco da Gama partait muni de toutes les inftruſtions & de tous les
moyens d'affiftance que pouvaient lui fournir l'obfervation, la politique
& les fciences de l'époque ; c'eft ce dont nos hiftoriens font foi. Sa
deftination lui fut marquée d'avance : c'était Calicut, & il portait au
roi de cette contrée une lettre de D. Manuel. Ayant rallié fa flotte aux
îles du Cap-Vert, il en partit pour s'enfoncer dans l'Océan Atlantique
auftral, par une route qui ne s'écartait pas beaucoup du Sud : ce fut alors
qu'il fe fervit de la connaiffance qu'il avait des vents généraux de la
côte occidentale d'Afrique, qui lui étaient contraires, & de la direſtion
que la côte orientale, déjà reconnue jufqu'à une certaine diftance par
Barthélemy Dias, fuivait du Sud au Nord. Ayant atteint une latitude
méridionale voifine de celle du cap de Bonne-Efpérance, il fe dirigea
à l'Oueft, ce qui montre qu'il s'appuyait fur des principes fcientifiques,
fans diminuer en rien l'audace de l'entreprife. Que le choix de cette
route ne fut point l'œuvre du hafard, c'eft ce que prouvent les connaif-

(1) Antonio Ribeiro dos Santos, Mém. de Litt. Port. da Acad. R. das Sc. de Lisboa, tome VIII, p. 169.

fances qu'il poſſédait déjà ſur la matière, le préſent Journal, tous les voyages enfin qui, depuis, s'effeĉtuèrent aux Indes (1); & ſi Cabral, en 1ʃoo, découvrit le Bréſil, c'eſt qu'il prit la direĉtion du Sud, d'après l'exemple de Vaſco da Gama, en s'écartant toutefois conſidérablement dans l'Oueſt. Dans l'Océan indien, qui lui était inconnu, nous voyons l'amiral ſuivre la côte d'Afrique, du Sud au Nord, juſqu'à ce qu'il ait rencontré le pilote qui doit le conduire à ſa deſtination; enfin, avec le même auxiliaire, il profite des mouſſons, tant pour ſe rendre à Calicut que pour en revenir, bien que la première traverſée ſoit plus heureuſe que la ſeconde. Dans celle-ci, après avoir doublé le cap de Bonne-Eſpérance, on le voit s'abandonner au courant des vents généraux du Sud-Oueſt de la côte occidentale d'Afrique, pour arriver aux îles du Cap-Vert.

Telles ſont les particularités que nous avons voulu relater dans la carte réduite du voyage de Gama, conſtruite d'après les routes ſuivies par ſes navires; & bien que cet itinéraire ne doive être conſidéré que comme approximatif, nous le croyons plus près de la vérité que les routes arbitrairement tracées ſur la majeure partie des cartes où cette navigation eſt figurée.

Le Journal que nous publions ne va pas, malheureuſement, au delà du 2ʃ avril 1499 (2), date un peu antérieure à la ſéparation de Nicolas Coelho & de Vaſco da Gama. On ſe demande encore aujourd'hui ſi cette ſéparation fut un effet de la tempête, ou du deſſein prémédité de Nicolas Coelho qui, connaiſſant ſa caravelle pour meilleure voilière que le vaiſſeau du commandant en chef, en profita pour apporter le premier

(1) *Voyeʒ la colleĉtion des notices géographiques de l'Académie, aux voyages de Cabral, Thomé Lopes, João d'Empoli, &c.*

(2) *L'évêque Oſorius commet une erreur manifeſte en diſant que la flotte, à ſon retour en Portugal, doublu le cap de Bonne-Eſpérance le 26 avril 1499. Nous avons vu que ce fut le 20 mars.*

la nouvelle de la découverte des Indes. Sans avoir la prétention de trancher un débat dans lequel nous reconnaiſſons notre incompétence, nous ne pouvons nous empêcher de donner une interprétation fâcheuſe à la bruſque concluſion du Journal, circonſtance qui ſemble ajouter encore au myſtère de l'événement, en ſuppoſant que l'auteur, après l'incendie du navire le San Raphaël, ait paſſé ſur le Berrio commandé par Nicolas Coelho. A la vérité, ceux de nos écrivains qui attribuent à ce navigateur des intentions coupables ſont en minorité; le grand nombre, au contraire, explique par l'incident d'une tempête ſa ſéparation d'avec le commandant en chef, & ajoute, qu'arrivant à la barre de Lisbonne & n'y trouvant pas de nouvelles de Vaſco da Gama, il voulut retourner à ſa recherche, ce dont il fut empêché par les ordres de D. Manuel. Mais voici ce qui fait naître un doute dans notre eſprit : Si la ſéparation dont il s'agit s'effectua avant l'arrivée des deux bâtiments aux îles du Cap-Vert, comment Nicolas Coelho n'eſſaya-t-il pas d'y relâcher? puiſqu'elles avaient été choiſies, en allant, comme point de ralliement en pareille occurrence, elles devaient remplir le même objet au retour.

Quant à la ſuite du voyage, on ſait que Nicolas Coelho atteignit la barre de Lisbonne le 10 juillet 1499, & que Vaſco da Gama, étant arrivé à l'île Santiago, où ſon frère Paul da Gama ſe trouva ſérieuſement malade, remit le commandement du bâtiment au ſecrétaire João de Sá; qu'enſuite, ayant frété une caravelle d'une marche plus rapide pour abréger la traverſée de Portugal, il relâcha à l'île Terceira & y laiſſa ſon frère qui avait ſuccombé. Ce fut ſeulement dans les derniers jours d'août, ou dans les premiers de ſeptembre 1499, qu'il fit ſon entrée à Lisbonne où il fut reçu en grande pompe par la Cour. Il y eut, pour célébrer ſon retour & ſes découvertes, de magnifiques fêtes religieuſes, & des réjouiſſances publiques qui ſe répétèrent dans tous les lieux notables du royaume par les ordres du roi D. Manuel.

JOURNAL DU VOYAGE

DE

VASCO DA GAMA

JOURNAL DU VOYAGE

DE

VASCO DA GAMA

U nom de Dieu, *Amen*. En l'an 1497, le
roi Dom Manuel, premier du nom en Portugal, envoya quatre navires à la découverte (III); ils allaient à la recherche des
épices. De ces navires, Vafco da Gama
était le commandant en chef; l'un était fous les ordres de
Paul da Gama, fon frère, & un autre fous ceux de Nicolas
Coelho.

Nous fommes partis de Reftello un famedi, huitième jour
du mois de juillet de ladite année 1497, commençant notre
route que Dieu notre Seigneur nous permettra d'achever
pour fon fervice, *Amen* (IV).

Premièrement, nous fommes arrivés le famedi fuivant en

1

vue des Canaries, & cette nuit nous l'avons paffée fous le vent de Lancerote ; la nuit d'après, à l'aube du jour, nous étions près de la Haute-Terre où nous nous mîmes à pêcher pendant environ deux heures, & le même foir, à la nuit tombante, par le travers du rio do Ouro. Or, le brouillard fut fi épais pendant la nuit que Paul da Gama, d'un côté, & le commandant en chef, de l'autre, s'écartèrent du refte de la flotte. Lorfque le jour parut, ne l'apercevant plus, ni les autres navires, nous fîmes voile pour les îles du cap Vert, car nous avions reçu l'ordre, dans le cas où nous nous perdrions, de prendre cette direction. Le dimanche fuivant, à l'aube du jour, nous eûmes en vue l'île du Sel, &, à une heure de là, nous aperçûmes trois navires que nous allâmes reconnaître. Nous trouvâmes le bâtiment des approvifionnements, ainfi que Nicolas Coelho, & Barthélemy Dias qui nous accompagnait jufqu'à Mina ; ils avaient également perdu le commandant en chef. Après que nous les eûmes ralliés nous pourfuivîmes notre route, & le vent nous ayant manqué, nous fûmes pris par le calme jufqu'au mercredi matin. Et, fur les dix heures, nous eûmes connaiffance du commandant en chef qui avait fur nous une avance d'environ cinq lieues, & fur le foir nous pûmes communiquer avec lui, ce qui nous remplit de joie, en forte que nous tirâmes force bombardes & fonnâmes des trompettes en réjouiffance de notre réunion. Et le jour fuivant, qui était un jeudi, nous arrivâmes à l'île de Santiago & mouillâmes devant la plage de Santa-Maria avec beaucoup de contentement & d'allégreffe ; là, nous fîmes provifion de viande, d'eau, de bois, & réparâmes les vergues des navires qui en avaient grandement befoin. Or, un jeudi, qui était le troisième jour d'août, nous partîmes dans la direction de l'est, & un jour, par le vent du sud, la vergue du commandant en chef cassa; ce fut le 18 août, à deux cents lieues environ de l'île de Santiago. Nous mîmes en panne avec la misaine & la voile de perroquet pendant deux jours & une nuit, & le 22 du même mois, ayant le cap au sud un quart sud-ouest, nous rencontrâmes nombre d'oiseaux semblables à des *garcões* (v), & quand vint la nuit, ils volaient à tire d'aile contre le sud-ouest, comme des oiseaux gagnant la terre. Ce même jour, nous vîmes une baleine, & c'était bien à huit cents lieues en mer.

Le 27 du mois d'octobre, veille de Saint-Simon & Saint-Jude, qui se trouvait être un vendredi, nous rencontrâmes beaucoup de baleines, & notamment de celles que l'on nomme *quoquas*, ainsi que des loups marins.

Un mercredi, 1er novembre, jour de la Toussaint, nous remarquâmes de nombreux indices de la proximité de la terre, consistant en certaines espèces d'algues qui naissent le long des côtes (vi).

Le quatrième jour du même mois, un samedi, deux heures avant le jour, nous trouvâmes fond par cent dix brasses au plus, & à neuf heures nous eûmes en vue la terre; alors nous nous réunîmes tous & saluâmes le commandant en chef, déployant banderolles & pavillons, & tirant force bombardes; tout le monde était en habits de gala. Ce même jour nous virâmes tout près de la côte & courûmes au large sans avoir reconnu la terre.

Le mardi, nous gouvernâmes dans la direction de la terre & découvrîmes une côte basse où s'ouvrait une baie spacieuse. Le commandant en chef envoya dans une embarcation Pedro d'Alemquer pour fonder & pour chercher un bon mouillage (vii) ; il trouva cette baie dans d'excellentes conditions, fans bas-fonds & à l'abri de tous les vents, hormis de ceux du nord-oueft, & s'étendant de l'eft à l'oueft ; on lui donna le nom de Sainte-Hélène (viii).

Le mercredi, nous jetâmes l'ancre dans ladite baie où nous demeurâmes huit jours, occupés à nettoyer les navires, à raccommoder les voiles & à faire du bois.

A quatre lieues de ce mouillage, vers le fud-eft, coule un fleuve qui vient de l'intérieur des terres ; fa largeur, à l'embouchure, eft d'un jet de pierre, & fa profondeur, de deux à trois braffes, même à marée baffe. On l'appelle le rio de Santiago (ix).

En ce pays, il y a des hommes bafanés qui ne vivent que de loups marins, de baleines, de chair de gazelle & de racines de végétaux. Ils fe vêtent de peaux & portent une manière de gaîne à leurs parties naturelles (x). Leurs armes font des bâtons d'olivier fauvage auxquels ils ajuftent des cornes paffées au feu ; ils ont beaucoup de chiens, comme ceux du Portugal, & qui aboient de la même façon.

Les oifeaux font également pareils à ceux du Portugal ; il y a des corbeaux marins, des mouettes, des tourterelles, des alouettes & nombre d'autres efpèces. Le pays eft très fain, très tempéré, & produit de bons pâturages.

Le lendemain du jour où nous mouillâmes, c'eft-à-dire le jeudi, nous defcendîmes à terre avec le commandant en chef, & nous nous emparâmes d'un de ces hommes qui était de petite ftature & reffemblait à Sancho Mixia. Il s'en allait recueillant du miel à travers les halliers, car les abeilles, en ce

pays, le déposent au pied des buissons. Nous l'emmenâmes
sur la nef du commandant en chef qui le fit asseoir à sa
table où il mangea des mêmes chofes que nous (xi). Le
jour suivant, le commandant le fit habiller à merveille &
le renvoya à terre. Et le lendemain, quatorze à quinze de
ces gens-là vinrent à l'endroit où étaient mouillés les navires:
alors le commandant en chef s'en fut à terre & leur montra
diverses marchandifes pour favoir fi le pays en produifait
quelques unes de femblables ; ces marchandifes confiftaient
en cannelle, clous de girofle, femence de perles, or & encore
autre chofe ; mais ils ne comprirent rien à ces objets de commerce, comme gens qui jamais n'avaient vu chofe pareille;
c'eft pourquoi le commandant leur donna des grelots &
des anneaux d'étain. Ceci fe paffait le vendredi. Il en fut
de même le famedi fuivant. Le dimanche, il en vint de quarante à cinquante environ, &, après dîner, étant defcendus
à terre, nous leur échangeâmes contre des *ceitils* (1) dont
nous nous étions munis, certaines coquilles qu'ils portaient
aux oreilles & qui paraiffaient argentées, ainfi que des queues
de renards fixées à un bâton dont ils fe fervaient pour s'é-
venter. J'achetai là, pour un *ceitil*, une de ces gaînes que
l'un d'eux portait à fes parties naturelles. Nous jugeâmes
qu'ils eftimaient le cuivre, car ils avaient de petites chaînes
de ce métal aux oreilles.

Ce même jour, un certain Fernand Vellofo, de l'équipage

_____

(1) Le *ceitil* était une petite monnaie de cuivre, analogue à nos
centimes & valant 1/6 de *real*. Il n'y a plus, en Portugal, de fous-
multiple du *real* qui eft l'unité monétaire du pays ; la plus petite
monnaie actuelle vaut cinq *reis*. (*Trad.*)

du commandant en chef, eut grand défir d'aller avec eux à leurs cafes pour favoir comment ils vivaient, ce qu'ils mangeaient, & quelle était leur exiftence (xii). Il demanda donc comme une faveur au commandant de lui permettre de les accompagner à leur village, & celui-ci, voyant que cette importunité ne cefferait pas qu'il n'eût obtenu fa demande, le laiffa partir avec eux. Quant à nous, nous retournâmes fouper fur la nef du commandant tandis qu'ils s'en allait en compagnie des fufdits nègres. Auffitôt après nous avoir quittés, ils prirent un loup marin, & s'arrêtant au pied d'une montagne, dans un hallier, le firent rôtir & en donnèrent à Fernand Vellofo qui les accompagnait, ainfi que des racines de plantes dont ils fe nourriffent. Le repas terminé, ils lui dirent de s'en retourner aux navires, ne voulant pas qu'il pourfuivît avec eux. Or, quand le fufdit Fernand Vellofo fut arrivé en face des navires, il fe mit auffitôt à appeler; pour eux, ils étaient demeurés cachés dans le fourré, & nous, nous étions encore à fouper. Dès que l'on eut entendu fa voix, les capitaines ainfi que nous autres ceffant à l'inftant de manger, nous nous jetâmes dans une barque à voiles; mais les nègres fe mirent à courir le long de la plage & arrivèrent fur Fernand Vellofo auffi preftement que nous. Comme nous cherchions à le recueillir, ils commencèrent à nous attaquer avec les zagaies dont ils étaient armés, fi bien que le commandant en chef & trois ou quatre des nôtres furent bleffés (xiii). Ceci nous arriva pour nous être fiés à eux, les jugeant hommes de peu de courage, incapables d'ofer ce qu'ils venaient d'entreprendre contre nous, tellement que nous étions allés fans armes. En attendant nous ralliâmes les navires.

7

Lorfque nos bâtiments furent réparés & nettoyés, &
que nous eûmes fait du bois, nous quittâmes cette côte, un
jeudi matin, 16 novembre, ignorant à quelle diftance nous
nous trouvions du cap de Bonne-Efpérance, fi ce n'eft que
Pedro d'Alemquer difait que nous pouvions être, au plus, à
une trentaine de lieues en arrière du Cap ; & s'il ne l'affir-
mait pas, c'eft qu'étant parti du Cap un matin, il avait paffé
par ici durant la nuit avec vent en poupe, &, qu'en allant,
il avait navigué au large, de forte qu'il ne connaiffait pas le
parage où nous nous trouvions. Par ce motif nous gagnâmes
la pleine mer avec des vents du fud fud-oueft, & le famedi
foir, nous eûmes en vue le cap de Bonne-Efpérance. Le
même jour, nous virâmes pour prendre la bordée du large
&, pendant la nuit, nous virâmes encore & courûmes à
terre. Le dimanche matin, qui était le 19 du mois de novembre, nous portâmes de nouveau fur le Cap, mais fans
pouvoir le doubler parce que les vents étaient fud fud-
oueft & que ledit Cap nous restait au nord-eft & fud-oueft.
Le même jour nous fîmes un bord au large &, dans la nuit
du lundi, un nouveau bord à terre. Enfin, le mercredi,
nous doublâmes ledit Cap en prolongeant la côte avec les
vents en poupe (xiv). Or, près de ce cap de Bonne-Efpérance, s'étend, dans le fud, une baie très vafte qui pénètre
bien à fix lieues dans les terres & dont l'entrée peut avoir la
même largeur (xv).

Le 25 dudit mois de novembre, un famedi foir, jour
de Sainte-Catherine, nous entrâmes dans la baie de San-
Bras (xvi) où nous demeurâmes treize jours, occupés à
démolir le bâtiment qui tranfportait les approvifionnements
que nous chargeâmes fur les autres navires.

8

Le vendredi fuivant, comme nous étions encore dans la-dite baie de San-Bras, il y vint environ quatre-vingt-dix hommes bafanés, femblables à ceux de la baie de Sainte-Hélène, & les uns allaient le long de la plage tandis que les autres demeuraient fur les hauteurs. Pour nous, en ce mo-ment, nous étions tous, ou du moins la plupart d'entre nous étaient fur la nef du commandant en chef. Donc, les ayant aperçus, nous nous rendîmes à terre fur les embarca-tions que l'on avait très bien armées, & quand nous fûmes près du rivage, le commandant leur jeta fur la plage des grelots qu'ils ramassèrent; & non feulement ils ramassè-rent ceux qu'on leur jeta, mais ils venaient les prendre dans la main du commandant, ce dont nous demeurâmes gran-dement émerveillés, car, à l'époque où Barthélemy Dias vint ici, ils s'enfuyaient & ne voulaient rien prendre de ce qu'il leur offrait. Bien plus, un jour où il faifait aiguade à une fource qui eft fituée près de la mer & dont l'eau eft excellente, ils la défendirent à coups de pierre du haut d'une colline qui la domine, en forte que Barthélemy Dias leur lâcha un coup d'arbalète & en tua un. D'après ce que nous fuppofâmes, s'ils ne s'enfuirent pas, ce fut, felon toute apparence, parce qu'ils avaient ouï dire à ceux de la baie de Sainte-Hélène, où nous avions été premièrement, & qui n'eft éloignée de celle-ci que de foixante lieues par mer, que nous étions gens ne faifant aucun mal &, bien au contraire, donnant du nôtre. Le commandant en chef ne voulut pas defcendre là, parce que dans l'endroit où fe tenaient les nègres il y avait un grand bois; il changea donc de place & nous allâmes mouiller ailleurs fur un point découvert où il defcendit, tout en faifant figne aux nègres de fe rendre où nous allions, ce qu'ils firent. Alors le commandant en chef prit terre avec les autres capitaines accompagnés de gens armés dont quelques‑uns portaient des arbalètes; puis il leur ordonna de fe féparer & d'approcher, au nombre d'un ou deux feulement, & cela par fignes. A ceux qui approchèrent le commandant fit préfent de grelots & de bonnets écarlates, &, à leur tour, ils nous donnèrent des bracelets d'ivoire qu'ils portaient aux bras, car, en cette contrée, d'après ce qu'il nous parut, il y a quantité d'éléphants; nous trouvions de leur fiente tout contre l'aiguade où ils venaient fe défaltérer.

Le famedi, arrivèrent environ deux cents nègres, grands & petits, amenant douze bêtes à cornes, tant bœufs que vaches, ainfi que quatre à cinq moutons. Et ils fe mirent à jouer de quatre ou cinq flûtes, les uns haut, les autres bas, fi bien qu'ils concertaient à merveille pour des nègres dont on n'attend guère de mufique, & ils danfaient à la manière des nègres. Pour lors le commandant en chef fit fonner des trompettes, & nous, de danfer fur les embarcations, & le commandant lui‑même, qui était de retour, de danfer avec nous. La fête terminée, nous débarquâmes au même endroit qu'auparavant & achetâmes, pour trois bracelets, un bœuf noir que nous mangeâmes le dimanche à dîner; il était fort gras, & fa chair auffi favoureufe que celle des bœufs de Portugal.

Le dimanche, il en vint tout autant accompagnés de femmes & de petits garçons, & les femmes fe tinrent fur le fommet d'une hauteur près de la mer; ils conduifaient quantité de bœufs & de vaches, &, s'étant arrêtés fur

2

deux points, le long du rivage, ils fe mirent à jouer des inftruments & à danfer comme le famedi. Or, il eft d'ufage
parmi ces nègres que les jeunes gens demeurent dans le
bois avec les armes ; mais les hommes faits vinrent converfer avec nous, & ils tenaient à la main des bâtons
courts & des queues de renards ajuftées à un manche de
bois dont ils fe fervent pour s'éventer le vifage. Et tandis
que nous étions occupés de la forte à converfer par fignes,
nous vîmes les jeunes garçons fe glifler furtivement à travers
le fourré, portant les armes avec eux. Et le commandant
en chef envoya en avant un homme nommé Martin Affonfo,
qui était allé déjà au Manycongo , avec des bracelets de
métal pour les troquer contre un bœuf. Et quand les nègres
eurent les bracelets, ils le prirent par la main & le menèrent
à l'aiguade en lui demandant pourquoi nous leur avions pris
de leur eau. Puis ils fe mirent à chaffer leurs bœufs par le
bois, & le commandant, voyant cela, nous ordonna, à nous
autres, de nous raffembler, & audit Martin Affonfo de fe fau-
ver, parce qu'il jugea qu'il fe tramait quelque trahifon. Nous
allâmes donc, après nous être ralliés, où nous étions en premier lieu, & les nègres nous y fuivirent. Et le commandant
nous fit defcendre à terre avec nos lances, nos javelines, nos
arbalètes bandées, revêtus de nos cuiraffes, dans le deffein
furtout de leur montrer que nous étions en état de leur
nuire, mais que nous ne le voulions pas. A cette vue, ils
commencèrent à fe ramaffer & à courir les uns aux autres,
& le commandant, pour éviter que l'on n'en tuât quelques-
uns, fit raffembler les embarcations , puis, lorfque nous
fûmes tous dedans, voulant leur faire comprendre que nous
pouvions leur nuire & ne le voulions pas, il fit décharger

deux bombardes placées à l'arrière de la barque. Or, les
nègres étaient tous affis fur la plage, contre le bois; quand
ils entendirent la détonation des bombardes, ils fe mirent
à fuir avec tant de précipitation à travers la forêt qu'ils
perdirent les peaux dont ils étaient vêtus & en même temps
leurs armes; toutefois, lorfqu'ils furent dans le bois, il en
revint deux pour les chercher, puis ils ne tardèrent pas à fe
raffembler & à fuir vers le fommet d'une montagne en chaf-
fant devant eux leur bétail.

Les bœufs de cette contrée font de grande taille, comme
ceux de l'Alemtéjo, merveilleufement gras & très doux; ils
font hongrés & quelques-uns n'ont pas de cornes. Les nègres mettent aux plus gras un bât confectionné en paille(1),
à la façon de ceux de Caftille, &, fur le bât, une manière
d'appui fait avec des bâtons, & c'eft ainfi qu'ils les mon-
tent; quant à ceux qu'ils veulent vendre, ils leur paffent une
branche de cifte (2) à travers les nafeaux & c'eft par là
qu'ils les dirigent.

Dans cette baie, il y a un îlot fitué à trois portées d'arbalète en mer, &, dans cet îlot, force loups marins, quelques-
uns auffi grands que d'énormes ours; ils font très redoutables, armés de très grandes dents, & ils attaquent l'homme;
& il n'y a pas de lance, tant forte qu'elle foit, capable de
les bleffer; il s'en trouve de plus petits & d'autres tout-à-fait
petits; les grands pouffent des rugiffements comme des

(1) *Tabua*, c'eft une efpèce de *typha* qui fert, en Portugal, à cou-
vrir les chaumières. (*Trad.*)
(2) *Efteva*, nom vulgaire du *ciftus ladaniferus* en Portugal. (*Tr.*)

lions & les petits crient comme des chevreaux. Nous allâmes là, un jour, nous divertir, &, tant grands que petits,
nous en vîmes bien trois mille & tirâmes fur eux, depuis
la mer, à coups de bombarde. Dans cet îlot, il y a des oifeaux de la taille d'un canard qui ne volent point parce
qu'ils manquent de plumes aux ailes & que l'on nomme
pingouins (XVII); nous en tuâmes autant que nous voulûmes; ces oifeaux braient comme des ânes.

Etant à faire de l'eau dans cette baie de San-Bras, un
mercredi, nous y élevâmes une colonne (1) avec une croix
faite d'un mât de mifaine & qui était très haute. Et le jeudi
fuivant, comme nous nous apprêtions à quitter ladite baie,
nous vîmes dix à douze nègres qui renversèrent, avant que
nous fuffions partis, la croix ainfi que la colonne.

Après nous être munis de tout ce qui nous était néceffaire, nous quittâmes ce parage &, le même jour, nous
mouillâmes de nouveau à deux lieues du point d'où nous
étions partis, car le vent nous manqua. Le vendredi, jour
de Notre-Dame de la Conception, nous remîmes à la voile
dans la matinée & pourfuivîmes notre chemin. Et le mardi
fuivant, veille de Sainte-Luce, nous eûmes une forte tempête & courûmes vent en poupe, la mifaine très baffe; &
dans cette courfe nous perdîmes Nicolas Coelho qui nous

---

(1) *Padram, padráŭ;* c'était une colonne de marbre aux armes du
Portugal, furmontée d'une croix de fer, que les navigateurs éri-
geaient fur les points les plus faillants de la côte au fur & à mefure
de leurs découvertes; ces colonnes, embarquées à Lisbonne &
tranfportées fur place, conftataient la prife de poffeffion du lieu,
comme fi le drapeau national y eût été planté. (*Trad.*)

eſt revenu dans la matinée de ce jour. Nous l'avions aperçu,
au coucher du ſoleil, du haut de la hune, à quatre ou cinq
lieues en arrière, & penſions qu'il nous avait vus; nous
avions allumé des feux & nous tenions en panne; au moment où le premier quart finiſſait, il vint ſe rallier à nous,
non pas qu'il nous eût vu durant le jour, mais parce que le
vent étant du plus près, il ne pouvait faire autrement que
de tomber dans nos eaux.

Le vendredi , dans la matinée, nous découvrîmes une
terre correſpondant aux îlots que l'on appelle *Chãos* (xviii)
qui giſent à cinq lieues plus loin que l'îlot *da Cruz*. De la
baie de San-Bras audit îlot da Cruz, il y a ſoixante lieues,
& tout autant du cap de Bonne-Eſpérance à la baie de San-
Bras. Des îlots Chãos à la dernière colonne poſée par Barthélemy Dias, il y a cinq autres lieues, & de la colonne au
rio do Infante, quinze lieues.

Le ſamedi qui ſuivit, nous paſſâmes en vue de la dernière
colonne, & comme nous naviguions en rangeant la côte,
deux hommes ſe mirent à courir le long de la plage en ſens
inverſe de la direction que nous ſuivions. Le pays eſt fort
plaiſant & bien aſſis; nous y vîmes force bétail vaguant
par la campagne, & plus nous avancions, plus le terrain
s'améliorait & ſe couvrait d'arbres élevés.

La nuit d'après, nous demeurâmes en panne, car déjà
nous avions atteint la hauteur du *rio do Infante*, dernière
terre découverte par Barthélemy Dias, & le lendemain ,
avec le vent en poupe, nous longeâmes la côte juſqu'à
l'heure de vêpres où il ſauta à l'eſt; nous virâmes alors,
mettant le cap au large, & louvoyâmes en courant des
bordées, tantôt au large, tantôt du côté de la terre, juſqu'au

mardi où le vent tourna à l'oueſt vers le coucher du ſoleil : c'eſt pourquoi nous demeurâmes en panne cette nuit-là afin d'aller reconnaître, le jour ſuivant, la terre & le parage où nous nous trouvions. Quand vint le matin, nous portâmes droit à terre &, à dix heures, reconnûmes l'îlot da Cruz, à ſoixante lieues en arrière de notre eſtime. Cela vint des courants qui ſont ici très forts. Ce même jour, nous reprîmes la route que nous avions déjà ſuivie, avec un bon vent de poupe qui nous dura trois jours, en ſorte que nous franchîmes les courants qui nous faiſaient grandement appréhender de ne pouvoir atteindre l'objet de nos déſirs. A partir de ce jour, Dieu permit, dans ſa miſéricorde, que nous allaſſions en avant ſans plus rétrograder ; puiſſe-t-il vouloir qu'il en ſoit toujours ainſi !

Le jour de Noël, 25 du mois de décembre, nous avions découvert ſoixante-dix lieues de côtes. Ce même jour, après dîner, en établiſſant une bonnette, nous trouvâmes le grand mât fendu à une braſſe au-deſſous de la hune, & la fente s'ouvrait & ſe fermait alternativement. Nous le raccommodâmes au moyen de galhaubans, en attendant que nous puſſions gagner un abri ſûr pour procéder à une réparation. Et le jeudi, nous mouillâmes le long de la côte & prîmes là quantité de poiſſons ; puis, quand vint le coucher du ſoleil, nous remîmes à la voile & pourſuivîmes notre voyage. En cet endroit, nous perdîmes une de nos ancres par la rupture d'un petit câble qui nous retenait au mouillage. A partir de là, nous navigâmes durant un ſi long temps ſans prendre terre, que nous n'avions plus d'eau pour boire & que nous nous ſervions uniquement d'eau ſalée pour préparer nos aliments ; notre ration journalière était réduite à un

quartilho (1), en forte qu'il devint néceffaire d'aborder quelque part. Or, un jeudi, le 10 du mois de janvier (xix),
nous découvrîmes un petit fleuve & mouillâmes en ce parage, le long de la côte. Et le lendemain, étant allés à terre
dans les embarcations, nous y trouvâmes nombre de nègres,
hommes & femmes, d'une haute ftature, & ayant un feigneur parmi eux. Et le commandant en chef fit débarquer
un certain Martin Affonfo qui avait été longtemps au Manycongo, accompagné d'un autre individu, & les nègres leur
firent bon accueil. C'eft pourquoi le commandant envoya
à leur feigneur une jaquette & des chauffes rouges, avec un
bonnet maurefque & un bracelet. Et il dit que tout ce qu'il
y avait en fon pays dont nous aurions befoin, il nous le
donnerait de grand cœur ; ce fut ainfi que le comprit ledit
Martin Affonfo. Cette nuit, lui & fon compagnon s'en furent
avec ce feigneur coucher en fon logis, & nous, nous regagnâmes nos navires. Et pendant le trajet, il revêtit l'habille-
ment dont on lui avait fait préfent, & il difait avec grand
contentement à ceux qui venaient le recevoir : « Voyez-vous
ce qu'ils m'ont donné ! » & ceux-ci battaient des mains par
politeffe, ce qu'ils répétèrent trois ou quatre fois jufqu'à
fon arrivée au village ; là, il courut tout le pays dans le coftume où il était, & finalement, étant entré chez lui, il envoya loger les deux hommes qui l'avaient accompagné en
un enclos où il leur fit porter de la bouillie faite avec du
millet, très abondant en cette contrée, & une poule comme
celles de Portugal. Et durant toute cette nuit, nombre
d'hommes & de femmes vinrent pour les voir. Le lende-

---

(1) Le *quartilho* équivaut à peu près à un tiers de litre. (*Trad.*)

main matin, le feigneur les fut vifiter & leur dit de s'en retourner; puis il fit partir deux autres hommes avec eux, & leur donna des poules pour le commandant en chef, en leur difant qu'il s'en allait montrer ce dont on l'avait gratifié à un grand feigneur qu'ils ont pour chef; or, d'après ce que nous conjecturâmes, ce devait être le roi du pays. Et lorfqu'ils arrivèrent au port où étaient les embarcations, il y avait bien deux cents perfonnes qui les accompagnaient pour les voir.

Autant que nous pûmes en juger, ce pays eft fort peuplé, & il s'y trouve nombre de feigneurs. Il nous fembla que les femmes étaient en plus grand nombre que les hommes, car, là où venaient vingt hommes, arrivaient quarante femmes. Les maifons font en paille, & les armes des habitants confiftent en très grands arcs, ainfi que flèches & zagaies en fer. La contrée, à ce qu'il nous parut, fournit beaucoup de cuivre; ils en ornent leurs jambes, leurs bras & les treffes de leurs cheveux; il y a auffi de l'étain qu'ils portent en garniture à leurs poignards dont les gaînes font d'ivoire. Les gens de ce pays font grande eftime de la toile de lin, car ils nous offraient quantité de ce cuivre pour des chemifes, en cas que nous euffions voulu leur en vendre. Ils ont de grandes calebaffes dont ils fe fervent pour puifer de l'eau de mer qu'ils portent à l'intérieur & verfent en des puits creufés dans le fol afin d'en fabriquer du fel. Nous demeurâmes là cinq jours, occupés à faire notre provifion d'eau qui était tranfportée fur les embarcations par ceux dont nous recevions la vifite. Nous n'en prîmes pas autant que nous l'aurions voulu parce que le vent favorifait notre voyage ; puis, nous étions à l'ancre le

long de la côte, expofés à la houle du large. Nous donnâmes
à cette contrée le nom de *terra da Boa Gente*, &, au fleuve,
celui de *rio do Cobre*.

Un lundi, étant en mer, nous découvrîmes une terre
fort baffe, plantée d'arbres très hauts & très ferrés, &,
tout en pourfuivant dans la même direction, nous vîmes
un fleuve à large embouchure ; or, comme il était néceffaire
de bien favoir où nous étions, nous laiffâmes tomber l'ancre &, un jeudi, pendant la nuit, nous entrâmes. Le navire
Berrio fe trouvait déjà là depuis la veille, étant arrivé huit
jours avant la fin de janvier. Cette terre eft fort baffe, ma-
récageufe, plantée de grands vergers qui donnent des fruits
en abondance & de beaucoup d'efpèces, & les habitants
s'en nourriffent.

Ce peuple eft noir & de bonne preftance ; il va nu, hormis une petite pièce de coton dont il fe couvre les parties
naturelles ; les feigneurs portent ces pagnes plus grandes.
Les jeunes femmes, qui ont bon air en ce pays, fe percent
les lèvres en trois endroits & y introduifent des morceaux
d'étain tordus. Ces gens-là fe plaifaient infiniment avec
nous ; ils apportaient à notre bord ce qu'ils avaient, dans des
almadies(1) à leur ufage, & nous allions également chercher
de l'eau à leur village.

Il y avait deux ou trois jours que nous étions en cet endroit, quand nous reçûmes la vifite de deux feigneurs du
pays ; ils étaient fi orgueilleux qu'ils ne firent aucun cas de ce

(1) « *Almadie* eft une barque fubtile qui n'appréhende pas tant
les corfaires à caufe de fa viteffe. » *Voy. de Pietro della Valle*,
t. IV, p. 109. (*Trad.*)

qu'on leur offrit; l'un d'eux était coiffé d'un turban, avec des
liferés bordés en foie; l'autre portait une forte de bonnet
de fatin vert. En compagnie de ce dernier vint un jeune
homme natif d'un autre pays éloigné, comme ils nous
l'apprirent par fignes, & il difait qu'il avait déjà vu des navires auffi grands que ceux que nous avions amenés. De tels
indices nous réjouirent fort parce qu'il nous fembla que nous
ne tarderions pas à arriver au but de nos défirs. Ces gentils-
hommes firent élever à terre, au bord du fleuve & non loin
des navires, des cabanes où ils demeurèrent environ une
femaine; de là, ils envoyaient vendre à bord, chaque jour,
des pièces de coton qui portaient des marques faites à l'encre
rouge. Et lorfqu'ils eurent affez de ce féjour, ils s'en furent
fur des almadies en remontant le cours du fleuve.'Pour
nous, nous reftâmes là trente-deux jours, occupés à renou-
veler notre provifion d'eau, à nettoyer les navires & à réparer le mât du *Raphaël*. Plufieurs des nôtres y tombèrent
malades; leurs pieds enflaient ainfi que leurs mains, & leurs
gencives avaient crû tellement par-deffus les dents qu'ils
étaient incapables de manger (xx). Nous élevâmes en ce
lieu une colonne que nous appelâmes la colonne de San-
Raphaël, à caufe du bâtiment qui portait ce nom; le fleuve
reçut celui de *rio dos Bons Signaes* (xxɪ).

Nous partîmes de là un famedi, 24 février, & durant
cette journée nous courûmes au large; puis, la nuit qui
fuivit, à l'eft, pour nous éloigner de la côte qui était d'un
fort plaifant afpect. Et le dimanche, nous fîmes route au
nord-eft, &, à l'heure de vêpres, nous découvrîmes trois
petites îles au large; il y en avait deux couvertes de
grands bois; la troifième était dénudée & moindre que les

autres, & de l'une à l'autre il pouvait y avoir quatre lieues.
Comme il faifait nuit, nous portâmes au large & paffâmes
à travers durant l'obfcurité. Le lendemain, nous continuâmes
notre route & naviguâmes pendant fix jours, nous arrêtant
pendant la nuit. Or, un jeudi, premier jour de mars, fur
le foir, nous eûmes connaiffance des îles & de la terre dont
il fera queftion plus loin; mais, à caufe de l'heure avancée,
nous reprîmes le large & mîmes en panne jufqu'au matin,
& alors nous arrivâmes au pays dont on va parler.

Le vendredi, dans la matinée, Nicolas Coelho voulant
pénétrer dans cette baie manqua le chenal & toucha; &,
en virant de bord pour rallier les autres navires qui venaient
par derrière, il vit des barques à voile fortir du village de
cette île, ce dont il informa le commandant en chef & fon
frère avec de vives démonftrations de joie. Nous continuâmes donc à courir ce même bord au large afin de pouvoir arriver au mouillage, &, plus nous avancions, plus ils
nous fuivaient en nous invitant par fignes à les attendre.
Or, comme nous jetions l'ancre dans la rade de cette même
île d'où s'était détachée la barque, vinrent à nous fept ou
huit de ces barques & almadies, & ceux qui les montaient
s'avançaient au fon des *anafils* (1) dont ils étaient munis, &
ils nous engageaient à pénétrer dans l'intérieur, offrant de
nous conduire au port fi nous le défirions; puis ils montèrent
à bord des navires, mangèrent & burent de ce que nous mangions & buvions, & s'en allèrent lorfqu'ils en eurent affez.
Les capitaines furent d'avis d'entrer dans cette baie pour

---

(1) Sorte de clairon. (*Trad.*)

favoir quelle forte de gens étaient ceux-ci : Nicolas Coelho
dut aller en avant avec fon navire pour fonder la barre,
&, fi l'entrée était praticable, on décida que nous entre-
rions. Or, Nicolas Coelho s'apprêtant à entrer vint à donner contre la pointe de l'île & brifa fon gouvernail ; mais,
auffitôt qu'il eut touché il gagna le large, & j'étais là moi-
même avec lui. Dès que nous fûmes en pleine mer, nous
amenâmes nos voiles & laiffâmes tomber l'ancre à deux
portées d'arbalète du village.

Les habitants de ce pays font cuivrés (xxii), bien bâtis,
& de la fecte de Mahomet : ils parlent le langage des Maures
& s'habillent d'étoffes de lin & de coton très fines, rayées
de diverfes couleurs, riches & bien ouvragées. Tous portent
des turbans avec des liferés de foie brodés de fil d'or ; ils font
marchands, & trafiquent avec les Maures blancs qui avaient
juftement, en ce même parage, quatre navires chargés d'or,
d'argent, de clous de girofle, de poivre, d'anneaux d'argent
& de quantité de perles, de femence de perles & de rubis,
toutes chofes que portent fur eux les gens de ce pays. Nous
crûmes comprendre, d'après ce qu'ils nous dirent, que la
totalité de ces marchandifes était importée, & que c'étaient
les Maures qui les apportaient, hormis l'or ; que plus avant,
là où nous allions, il y en avait à foifon ; & qu'enfin les
les pierres fines, la femence de perles & les épices s'y trouvaient en telle abondance qu'on n'avait nul befoin de les
acheter, mais qu'on les ramaffait à pleins paniers. Le tout
était ainfi compris par un matelot que le commandant en
chef avait amené avec lui, & qui, ayant été jadis captif
des Maures, entendait ceux que nous avions rencontrés ici.
De plus, ces mêmes Maures nous apprirent que fur la route

qui nous reſtait à faire nous trouverions nombre de bas-
fonds ; que nous verrions auſſi nombre de villes le long de
la côte, & que nous rencontrerions une île où la moitié des
habitants étaient des Maures & l'autre moitié des chrétiens (xxiii) ; que les chrétiens étaient en guerre avec les
Maures, & que l'île renfermait de grandes richeſſes.

Ils nous dirent encore que le prêtre Jean ne demeurait
pas loin d'ici ; qu'il poſſédait maintes villes ſur la côte, & que
les habitants de ces villes étaient de puiſſants marchands qui
équipaient de grands navires ; mais que la réſidence dudit
prêtre Jean ſe trouvait fort avant dans l'intérieur, & que
nous ne pourrions nous y rendre qu'à dos de chameau. Les
ſuſdits Maures avaient amené ici deux chrétiens de l'Inde
captifs ; ces récits qu'ils faiſaient, ainſi que beaucoup d'autres, nous rendaient ſi joyeux que nous en pleurions d'aiſe
& demandions à Dieu de vouloir bien nous accorder la ſanté
pour voir ce que nous déſirions tant contempler.

En ce parage & cette île qu'on nomme Mozambique, il
y avait un ſeigneur, pareil à un vice-roi, qu'ils appelaient
Sultan, & qui venait ſouvent à notre bord en compagnie
des ſiens. Le commandant le régalait très bien ; & il lui fit
un préſent qui conſiſtait en chapeaux, capes, filières de
corail & nombre d'autres choſes ; & il était ſi orgueilleux
qu'il dédaignait tout ce qu'on lui offrait & demandait de
l'écarlate dont nous n'avions point apporté ; mais nous lui
donnions de ce que nous avions avec nous.

Un jour, le commandant en chef lui fit ſervir une collation
abondante de figues & de confitures, & le pria de lui donner
deux pilotes pour nous accompagner ; il y conſentit, pourvu
qu'ils fuſſent contents de nous ; & le commandant leur

octroya à chacun trente mitkals d'or (xxiv) & deux capes ;
ce fut à condition, qu'à partir du jour où ils auraient reçu ce
paiement, l'un d'eux demeurerait toujours à bord, en cas
qu'ils vouluſſent s'abſenter, ce dont ils furent très ſatisfaits.
Et un ſamedi, 10 du mois de mars, nous partîmes & fûmes
mouiller à une lieue au large, près d'une île, afin que le dimanche on pût célébrer la meſſe, & que ceux qui le voulaient ſe confeſſaſſent & communiaſſent.

Un de ces pilotes demeurait dans l'île, en ſorte qu'après
avoir mouillé, on arma deux embarcations pour aller à ſa
recherche ; l'une portait le commandant en chef, l'autre
Nicolas Coelho. Or, pendant qu'ils allaient ainſi, vinrent
à leur rencontre cinq à ſix barques avec nombre de gens
armés d'arcs, de flèches très longues & de rondaches (xxv),
& ils faiſaient ſigne aux nôtres de retourner en ville. Quand
le commandant vit cela, il s'aſſura du pilote qu'il menait
avec lui, & ordonna de tirer à coups de bombarde ſur ceux
qui s'avançaient dans les barques. Alors, Paul da Gama, qui
était reſté ſur les vaiſſeaux pour porter ſecours depuis là en cas
d'événement, ayant ouï le bruit de l'artillerie, mit à la voile
avec le *Berrio* ; & quand les Maures, qui déjà s'étaient dé-
bandés, s'aperçurent que le navire était en marche, ils ſe
prirent à détaler de plus belle & gagnèrent la terre avant
que le *Berrio* pût les joindre, en ſorte que nous retournâmes
au mouillage. Le dimanche, nous entendîmes la meſſe dans
l'île, ſous un bocage fort élevé, &, la meſſe dite, nous retournâmes à bord, mîmes incontinent à la voile & commen-
çâmes à faire route, munis de bon nombre de poules, de
chèvres & de pigeons que nous avions troqués en cet endroit contre des raſſades de verre jaune.

Les navires de ce pays font grands & non pontés ; ils ne
font pas cloués, mais coufus avec des cordelettes de fpar-
terie, & il en eft de même des embarcations ; leurs voiles
font des nattes de palmier, & les marins qui les dirigent
ont des aiguilles génoifes, ainfi que des quarts de cercle &
des cartes marines (xxvi).

Les palmiers de la contrée donnent un fruit auffi gros
qu'un melon, & c'eft l'amande intérieure que l'on mange ;
elle a le goût du *junça* lorfqu'il eft fec (1). Il y a auffi force
concombres & melons dont on nous apportait comme
objets d'échange.

Le jour où Nicolas Coelho entra, le feigneur du lieu vint
à bord avec une fuite nombreufe & reçut de lui très bon
accueil ; il lui donna une capuche rouge, & le feigneur lui
fit préfent à fon tour d'un chapelet noir dont il fe fervait
pour fes oraifons, comme gage de fécurité ; puis il lui demanda l'embarcation pour s'en retourner & on la lui donna.
Et lorfqu'il fut à terre, il emmena en fon logis ceux qui l'a-
vaient accompagné, & leur fit donner à manger, après quoi
il les congédia en les chargeant, pour Nicolas Coelho, d'un
pot de dattes écrafées, mêlées à une conferve de clous de
girofle & de cumin. Il envoya également plus tard différentes chofes au commandant en chef. Ceci advint au temps
où il nous prenait pour des Turcs ou des Maures de quelque autre lieu; &, en effet, ils nous demandaient fi nous ve-

(1) *Junça* eft le nom vulgaire du *cyperus efculentus* L. qui croît
abondamment en Portugal & aux Açores. Les enfants font friands
des petits tubercules de cette plante que l'on fait fécher à l'ombre,
dans un lieu bien aéré, & qui deviennent alors très fucrés. (*Trad.*)

nions de Turquie, & nous priaient de leur montrer les arcs de notre pays & les livres de notre loi. Et quand ils furent que nous étions chrétiens, ils fe concertèrent pour nous furprendre & pour nous tuer par trahifon ; mais leur pilote, que nous emmenions, nous découvrit tout le mal qu'ils fe propofaient de nous faire fi leur complot réuffiffait.

Le mardi, nous vîmes une terre accidentée par de hautes montagnes qui s'élevaient au-delà d'une pointe, & cette pointe était plantée, le long de la côte, de grands arbres reffemblant à des ormes & clair-femés. Ladite terre pouvait être à une vingtaine de lieues, au plus, du point d'où nous étions partis ; & nous eûmes là des calmes le mardi & le mercredi. La nuit fuivante, nous portâmes au large, avec une faible brife de l'eft, &, fur le matin, nous nous trou-vions à quatre lieues en arrière de Mozambique. Ce même jour, continuant à naviguer jufqu'au foir, nous vînmes mouiller contre l'île où nous avions entendu la meffe le di-manche précédent, & y demeurâmes huit jours à attendre un temps favorable. Dans l'intervalle, le roi de Mozam-bique nous fit dire qu'il fouhaitait faire la paix avec nous & devenir notre ami ; & l'ambaffadeur chargé de ce mef-fage fut un Maure blanc qui était fchérif, ce qui veut dire prêtre (xxvii), d'ailleurs un grand ivrogne. Comme nous étions en ce parage, vint un Maure avec un petit garçon qui était fon fils ; il s'établit fur un de nos vaiffeaux, difant qu'il voulait s'en aller avec nous parce qu'il était des environs de la Mecque & qu'il avait fait le voyage de Mozambique, en qualité de pilote, fur un navire de ce pays. Or, comme le temps ne nous favorifait pas, il devint néceffaire d'entrer dans le port de Mozambique pour prendre l'eau dont nous avions befoin; l'aiguade fe trouvait de l'autre côté, fur la terre ferme; c'eft la même eau que boivent les habitants de l'île, car ils n'en ont pas d'autre, chez eux, que de l'eau falée.

Un jeudi, nous entrâmes dans le fufdit port &, quand la nuit fut tombée, nous mîmes les embarcations à la mer; & fur la minuit, le commandant en chef, Nicolas Coelho, ainfi que plufieurs de nous autres, fûmes reconnaître où était l'eau, en compagnie du pilote maure plus difpofé à s'échapper, s'il le pouvait, qu'à nous montrer l'aiguade. Or, il s'embrouilla fi bien qu'il ne put jamais nous enfeigner où elle était, ou ne le voulut pas, de forte que nous demeurâmes en quête jufqu'au matin. Nous retournâmes donc fur les navires &, le foir, revînmes encore une fois à terre, accompagnés du même pilote. Et comme nous étions déjà près de l'aiguade, nous vîmes une vingtaine de ces gens-là qui s'en allaient efcarmouchant le long de la plage, leurs zagaies à la main, & faifant mine d'en défendre l'approche; c'eft pourquoi le commandant en chef leur fit tirer trois volées de bombardes afin de les obliger à nous laiffer débarquer. Et comme nous touchions terre ils fe cachèrent dans l'épaiffeur du bois, en forte que nous prîmes autant d'eau que nous en voulûmes. Quand nous nous retirâmes le foleil allait fe coucher, & nous nous aperçûmes qu'un nègre du pilote Jean de Coimbre s'était enfui.

Le famedi, 24 du mois de mars, vigile de Notre-Dame, dans la matinée, vint un Maure en face des navires, & il dit que fi nous voulions de l'eau nous n'avions qu'à en aller chercher, donnant à entendre que nous trouverions là à qui parler. Voyant cela, le commandant en chef réfolut d'y aller pour leur montrer qu'il ne tenait qu'à nous de leur faire

4

du mal fi nous en avions la volonté ; nous prîmes donc fur-
le-champ la direction du village avec les embarcations armées & l'artillerie en poupe. Or, les Maures avaient conftruit
de fortes paliffades & lié enfemble quantité de planches
épaiffes, en forte que ceux qui étaient derrière fe dérobaient
à notre vue; & ils allaient le long de la plage, armés de
rondaches, de zagaies, de coutelas, d'arcs, & de frondes
avec lefquelles ils nous lançaient des pierres. Pour nous,
avec notre artillerie, nous répondîmes fi bien à leurs avan-
ces qu'ils jugèrent à propos de vider la plage, & de fe
réfugier derrière la paliffade qu'ils avaient élevée & dont ils
recueillirent plus de mal que de profit. Nous paffâmes environ trois heures occupés de la forte & vîmes là deux
hommes morts, un que nous avions tué fur la plage, l'autre en
dedans de l'eftacade. Quand nous fûmes las de cette befo-
gne nous retournâmes dîner à bord, & à l'inftant ils fe mirent à fuir & à charger leur bagage fur des almadies pour
gagner un village fitué de l'autre côté. Pour nous, après
dîner, nous allâmes voir, fur les embarcations, fi nous ne
pourrions pas en prendre quelques-uns, afin de les échanger
contre les deux Indiens chrétiens qu'ils retenaient captifs &
le nègre qui s'était enfui. En conféquence, nous nous mîmes
à la pourfuite d'une almadie du fchérif qui était chargée
de bagage, & d'une autre montée par quatre nègres dont
s'empara Paul da Gama; quant à celle qui portait le bagage, les gens qui s'y trouvaient prirent la fuite en tou-
chant terre & l'abandonnèrent à la côte. Avec celle-ci,
nous en rencontrâmes encore une autre le long de la mer;
& les nègres que nous prîmes là furent emmenés à bord
des navires. On trouva dans les almadies quantité de toile

fine de coton, des paniers en feuilles de palmier, une jarre verniffée pleine de beurre, des fioles de verre avec des eaux de fenteur, des livres de leur loi, un coffre qui renfermait maints écheveaux de coton, un hamac en filet également de coton, enfin plufieurs cabas remplis de mil. Tout ce que l'on prit en cette circonftance fut abandonné par le commandant en chef aux marins qui fe trouvèrent là avec lui ou avec les autres capitaines, hormis les livres qu'il garda pour les montrer au Roi. Le dimanche fuivant, nous allâmes faire de l'eau &, le lundi, nous nous préfentâmes fur les embarcations armées devant la bourgade ; & les Maures nous parlaient à l'abri de leurs maifons, n'ofant plus s'aventurer fur la plage. Après leur avoir lâché quelques volées de bombardes, nous ralliâmes les navires &, le mardi, nous nous retirâmes & fûmes mouiller près des îlots de Saint-Georges où nous demeurâmes encore durant trois jours, dans l'efpoir que Dieu nous accorderait un temps favorable. Enfin, le jeudi 29 du mois de mars, nous quittâmes lefdits îlots, &, comme il y avait peu de vent, quand vint le famedi matin trentième jour du même mois, nous n'en étions qu'à vingt-huit lieues.

Le même jour, dans la matinée, nous avançâmes jufqu'au pays des Maures d'où nous avions été ramenés par la force des courants.

Le dimanche, premier jour d'avril, nous atteignîmes certaines îles très rapprochées de la terre, & la première reçut le nom d'*ilha do Açoutado* (xxviii) parce que, dans la foirée du famedi, le pilote maure que nous emmenions avec nous ayant menti au commandant en difant que ces îles étaient la terre ferme, avait été fuftigé par fon ordre pour ce menſonge. Les bâtiments du pays naviguent par quatre braſſes entre la côte & les îles ; mais nous, nous paſſâmes au large. Ces îles ſont nombreuſes & tellement rapprochées que nous ne pouvions les diſtinguer les unes des autres & elles ſont habitées. Le lundi, nous eûmes en vue d'autres îles ſituées à cinq lieues au large (xxix).

Le mercredi, quatrième jour d'avril, nous fîmes voile, le cap au nord-oueſt &, avant midi, nous eûmes connaiſſance d'une grande terre & de deux îles ſiſes dans le voiſinage ; cette terre eſt environnée de quantité de bas-fonds. Lorſque nous en fûmes aſſez près pour que les pilotes la puſſent re- connaître, ils dirent que l'île des chrétiens giſait à trois lieues en arrière ; en conſéquence, nous manœuvrâmes durant toute la journée pour tâcher de l'atteindre, mais ſans y par- venir, le vent du ponent étant trop élevé. Alors les capi- taines furent d'avis de laiſſer arriver pour gagner une cité dont nous étions à quatre journées & que l'on appelle Mombaza.

Cette île, que nos pilotes diſaient habitée par des chré- tiens, était une de celles que nous étions venus chercher (xxx). Nous laiſſâmes donc arriver, qu'il était déjà tard, le vent étant très frais, &, à la nuit tombante, nous aper- çûmes une île conſidérable qui nous reſtait au nord (xxxi). D'après le récit des pilotes maures que nous emmenions, il y avait en cette île une ville de chrétiens & une autre de Maures ; & quand vint la nuit, nous ne vîmes plus la terre; toutefois, ayant fait route au nord-oueſt, nous la retrouvâmes ſur le ſoir.

Dans la nuit qui ſuivit nous fîmes route au nord quart nord-oueſt &, à l'aube, nous gouvernâmes au nord-nord-

oueſt. Pendant que nous marchions ainſi avec un vent propice, il arriva, deux heures avant le jour, que le navire
San-Raphaël donna ſur des bas-fonds qui giſent à deux lieues
de la terre ferme. Comme il toucha, on le cria aux autres
qui venaient à la ſuite, & les cris ayant été entendus, ils
mouillèrent incontinent à la diſtance d'une portée de bombarde & mirent leurs embarcations dehors. A marée baſſe
le navire demeura totalement à ſec; alors, avec les embarcations, on élongea pluſieurs ancres au large, &, quand
vint la marée du jour qui fut une haute marée, le bâtiment
ſe remit à flot ce dont nous nous réjouîmes tous grandement.

Sur la terre ferme, vis-à-vis de ces bas-fonds, il y a une
chaîne de montagnes fort élevées & d'un agréable aſpect à
laquelle nous donnâmes le nom de San-Raphaël de même
qu'aux écueils (XXXII).

Tandis que le navire était échoué, deux almadies s'en
approchèrent & vinrent auſſi vers nous; elles apportaient
quantité d'oranges de fort bonne qualité, meilleures que
celles de Portugal. Deux Maures demeurèrent à bord &
nous accompagnèrent le jour ſuivant à une cité du nom de
Mombaza.

Le ſamedi matin, ſeptième jour du même mois & veille
des Rameaux, nous vîmes, en prolongeant la côte, des îles
giſant à quinze lieues de la terre ferme & qui pouvaient avoir
ſix lieues d'étendue (XXXIII); ces îles fourniſſent nombre
de mâts qui ſervent à mâter les navires du pays, & toutes
ſont habitées par des Maures. Au coucher du ſoleil, nous
allâmes jeter l'ancre en face de ladite cité de Mombaza,
mais nous n'entrâmes pas dans le port; et à notre arrivée

vint à nous une ¡avra (1) chargée de Maures, &, devant la ville, on voyait force navires, tous pavoifés de leurs pavillons. Et nous, pour leur faire compagnie, nous en fîmes tout autant fur nos vaiffeaux & même davantage, car rien ne nous manquait hormis les hommes que nous n'avions pas; encore le peu qui nous reftait était-il gravement malade. Ce fut avec une vive fatisfaction que nous mouillâmes là, perfuadés que le jour fuivant nous irions à terre entendre la meffe avec les chrétiens que l'on nous avait dit s'y trouver, y vivant féparés des Maures & ayant leur alcade.

Les pilotes que nous avions emmenés racontaient que cette île de Mombaza était occupée & habitée par des Maures & des chrétiens qui vivaient féparément les uns des autres & avaient chacun leur feigneur, &, qu'à notre arrivée, ils nous feraient grand accueil & nous mèneraient en leurs maifons. Or, ils difaient cela pour en arriver à leurs fins & nullement parce que c'était la vérité.

La nuit fuivante, à minuit, vinrent environ cent hommes fur une zavra, tous avec des coutelas & des rondaches; lorfqu'ils furent arrivés où fe trouvait le commandant en chef, ils voulurent entrer avec leurs armes; mais il ne le permit pas, & il n'en entra que quatre ou cinq des plus qualifiés qui demeurèrent avec nous environ deux heures puis après s'en allèrent; notre opinion fur cette vifite fut qu'ils étaient venus pour s'affurer s'il n'y aurait pas moyen de s'emparer de quelqu'un des navires.

---

(1) Sorte de brigantin. (*Trad.*)

Le dimanche des Rameaux, le roi de Mombaza envoya au commandant en chef un mouton avec quantité d'oranges, de cédrats & de cannes à fucre ; il lui fit remettre auffi un anneau, comme gage de fécurité, lui mandant que s'il voulait entrer, il lui fournirait tout ce dont il aurait befoin ; or, ce préfent fut apporté par deux hommes très blancs qui fe difaient chrétiens, & il nous parut qu'ils l'étaient en effet. A fon tour, le commandant fit préfent au roi d'une filière de corail, en lui mandant qu'il entrerait dans le port le lendemain ; & le même jour, quatre Maures des plus qualifiés demeurèrent à bord de fon navire. Or, le commandant envoya deux hommes au roi de cette ville pour mieux confirmer ces affurances de paix ; & lorfqu'ils eurent débarqué, une foule confidérable les accompagna jufqu'à la porte du palais. Avant d'arriver en préfence du roi, ils passèrent par quatre portes où fe tenaient quatre gardiens, chacun d'eux à une porte, le fabre nu à la main ; & quand ils furent devant le roi, il les reçut très gracieufement & leur fit montrer toute la ville. Ils s'arrêtèrent en la demeure de deux marchands chrétiens qui leur firent voir, à tous deux, un papier qu'ils adoraient & fur lequel était repréfenté un Saint-Efprit. Enfin, lorfqu'ils eurent tout examiné, le roi envoya des échantillons de clous de girofle, de poivre, de gingembre & de blé trémois au commandant, toutes chofes dont il nous permettait de faire un chargement.

Le mardi, en levant les ancres pour entrer, la nef du commandant en chef ne voulut point abattre & elle allait donner, en culant, fur le navire qui fe trouvait en poupe. Nous laiffâmes donc tomber l'ancre de nouveau ; alors les Maures que nous avions à bord voyant que nous n'entrions pas fe raffemblèrent fur une zavra, &, au moment où elle paffait en poupe, les pilotes qui étaient venus de Mozambique avec nous fe jetèrent à la mer & ceux de la zavra les recueillirent. La nuit venue, le commandant fit fubir la queftion de l'huile bouillante (1) à deux Maures que nous avions à bord pour leur faire confeffer s'ils avaient ourdi quelque trahifon; & ils avouèrent qu'on avait concerté de s'emparer de nous, après notre entrée dans le port, & de tirer vengeance de notre conduite à Mozambique. Et comme on apprêtait le fupplice du fecond, il s'élança dans la mer, les mains liées, & l'autre s'y jeta au quart du matin.

Vers le milieu de cette même nuit, deux almadies s'approchèrent de nous; elles portaient un grand nombre d'hommes qui fe mirent à la nage tandis que les embarcations demeuraient au large; les uns fe dirigèrent vers le navire *Berrio*, les autres vers le *Raphaël*. Ceux qui furent au *Berrio* commencèrent à couper l'amarre, & les hommes de veille fe figurèrent que c'étaient des marfouins; mais ayant reconnu la vérité, ils avertirent par leurs cris le refte de la flotte. Déjà les autres s'étaient accrochés aux chaînes des haubans de la mifaine du *Raphaël*; fe voyant découverts, ils fe turent, defcendirent & prirent la fuite. Telles furent les méchancetés, fans parler de bien d'autres, que ces chiens ourdiffaient contre nous; mais Notre-Seigneur ne leur permit pas de réuffir parce qu'ils ne croyaient point en lui.

---

(1) *Pingar*, fupplice qui confiftait à verfer des gouttes d'huile ou de réfine bouillante, & même de métal fondu fur la peau, pour obtenir du patient un aveu.

Cette cité eſt vaſte & elle eſt aſſiſe ſur une hauteur battue par la mer ; c'eſt un port où entrent chaque jour bon nombre de navires ; on voit à l'entrée une colonne &, contre la mer, une fortereſſe baſſe (xxxiv). Ceux qui allèrent à terre nous rapportèrent qu'ils avaient rencontré par la ville quantité d'hommes chargés de fers, & nous jugeâmes que ce devaient être des chrétiens, car les chrétiens, en ce pays, ſont en guerre avec les Maures.

Les chrétiens établis en cette cité ſont des marchands qui y réſident paſſagèrement ; ils y ſont très aſſujettis, ne faiſant rien que ce que le roi maure leur commande.

Dieu permit, dans ſa miſéricorde, qu'auſſitôt que nous eûmes atteint cette ville, tous les malades que nous avions recouvraſſent la ſanté ; l'air, en effet, eſt très ſalubre en ce parage.

Nous demeurâmes encore là le mercredi & le jeudi, après avoir reconnu la malice de ces chiens & la trahiſon qu'ils avaient ourdie contre nous ; nous en partîmes dans la matinée, avec peu de vent, & vînmes mouiller près de terre, à huit lieues environ de Mombaza. A l'aube du jour, nous vîmes deux barques ſous le vent des navires, à trois lieues environ au large, & auſſitôt nous nous dirigeâmes ſur elles pour tâcher de nous en emparer, car nous déſirions nous procurer des pilotes qui fuſſent en état de nous conduire où nous voulions aller. Et, à l'heure de vêpres, nous joignîmes l'une des ſuſdites barques que nous capturâmes ; l'autre nous échappa en gagnant la terre. Or, dans celle que nous prîmes, nous trouvâmes dix-ſept hommes, de l'or, de l'argent, beaucoup de mil & de proviſions, enfin une jeune femme, épouſe d'un vieux Maure, homme conſidérable & qui fe trouvait là. Au moment où nous les abordâmes ils fe jetèrent tous à la mer, & nous nous mîmes à les re-cueillir dans les embarcations.

Le même jour, au coucher du foleil, nous jetâmes l'ancre en face d'un lieu qui s'appelle Mélinde & qui gît à trente lieues de Mombaza. De Mombaza à ce bourg de Mélinde on rencontre, dans l'ordre fuivant, d'abord *Benapa*, puis *Toça* & *Nuguo-Quioniete*.

Le jour de Pâques, les Maures que nous avions capturés nous dirent qu'il y avait, dans ladite bourgade de Mélinde, quatre navires appartenant à des chrétiens qui étaient indiens; que fi nous voulions les y conduire, ils nous donneraient en leur place des pilotes chrétiens & tout ce dont nous aurions befoin, comme de la viande, de l'eau, du bois & encore d'autres chofes. Or, le commandant en chef qui défirait vivement obtenir des pilotes de l'endroit ayant traité cette affaire avec les Maures, nous allâmes mouiller près du bourg à une demi-lieue de terre; mais les habitants n'osè-rent point venir à bord parce qu'ils étaient déjà prévenus, & qu'ils n'ignoraient pas que nous avions capturé une barque avec les Maures qui la montaient.

Le lundi, dans la matinée, le commandant en chef fit dépofer le vieux Maure fur un récif, en face de la ville, & il vint là une almadie pour le chercher. Ce Maure s'en alla communiquer au roi les défirs du commandant, & lui dit combien il ferait fatisfait de faire la paix avec lui. Or, après déjeûner, le Maure revint fur une zavra que le roi de cette bourgade expédiait avec un de fes cavaliers & un shérif; il en-voyait trois moutons, & faifait dire au commandant qu'il fe réjouirait d'être en paix & d'entrenir de bons rapports avec lui ; que s'il fouhaitait quelque chofe de fon pays, il le lui donnerait très volontiers, comme des pilotes ou toute autre chofe. Et le commandant en chef lui fit réponfe qu'il entrerait le lendemain dans le port ; en même temps il lui envoya par les porteurs du meffage un balandran, deux filières de corail, trois baffins d'airain, un chapeau, des grelots & deux pièces de drap rayé (1).

Or donc, le mardi, nous nous approchâmes encore plus près de la ville, & le roi envoya au commandant fix moutons, avec une bonne quantité de clous de girofle, cumin, gingembre, noix mufcades & poivre, lui faifant dire que le mercredi, s'il lui plaifait qu'ils fe rencontraffent en mer, il irait fur fa zavra, & qu'il vînt, lui, dans fon embarcation.

Le mercredi, après dîner, le roi vint fur une zavra & s'approcha des navires ; pour lors, le commandant s'embarqua dans fon canot qui était parfaitement équipé, &, quand il eut rejoint le roi, à l'inftant celui-ci fe mit près de lui. Là s'échangèrent nombre de propos, entre autres les fuivants : le roi ayant dit au commandant qu'il le priait de venir avec lui fe délaffer en fon palais, & qu'il fe rendrait à fon tour à bord de fes navires, le commandant lui répondit qu'il n'avait pas congé de fon feigneur pour defcendre à terre, & qu'en y defcendant il donnerait mauvaife opinion de lui à qui l'avait envoyé. Et le roi demanda quelle opinion de fa perfonne il donnerait lui-même à fon peuple, & ce que l'on dirait, s'il fe rendait fur fes vaiffeaux ? Il s'informa enfuite du

_____

(1) *Lambel*, étoffe de coton rayée dont l'exportation fut confidérable à la naiffance des relations commerciales avec l'Afrique.

nom que portait notre roi & fe le fit écrire, ajoutant que fi nous repaffions par ici, il enverrait un ambaffadeur ou écrirait. Après avoir ainfi caufé l'un & l'autre de ce qu'ils voulurent, le commandant fit amener tous les prifonniers maures que nous avions & les lui donna, ce dont il fe montra très fatisfait, difant que ceci lui était plus agréable que fi on lui eût fait préfent d'une ville. Et le roi, pour fe divertir, s'en alla faire le tour des navires qui déchargèrent force bombardes en fon honneur, & il s'amufait fort à voir tirer. Trois heures environ fe passèrent de la forte, &, quand il partit, il laiffa fur le vaiffeau un de fes fils & un de fes shérifs pendant que deux des nôtres l'accompagnaient à fon logis ; ce fut lui-même qui les demanda, voulant qu'ils vinffent voir fon palais. Il dit encore au commandant que puifqu'il ne fe fouciait pas de defcendre à terre, il allât le lendemain fe promener le long du rivage, & qu'il y enverrait chevaucher fes cavaliers.

Voici quel était l'équipage du roi : premièrement, une robe de damas doublée de fatin vert, &, fur la tête, un turban très riche ; puis, deux fiéges de bronze avec leurs couffins & un dais de fatin cramoifi, de forme ronde, fixé à un bâton. Son page était un homme âgé qui portait un coutelas dont la gaîne était d'argent : ajoutez plufieurs anafils & deux trompettes d'ivoire, de la hauteur d'un homme, parfaitement ouvragées, dont on jouait par un trou percé en leur milieu ; le fon de ces trompettes s'accorde avec celui des anafils.

Le jeudi, le commandant en chef & Nicolas Coelho montèrent fur les embarcations avec bombardes en poupe & s'en furent le long de la bourgade. On voyait à terre beaucoup de monde &, dans la foule, deux hommes à cheval joutant & fe divertiffant infiniment, à en juger du moins par leurs démonftrations. Et là, ils prirent le roi fur les degrés de pierre de fon palais & le portèrent en palanquin jufqu'à l'embarcation où fe tenait le commandant. Alors, le roi le pria de rechef de defcendre à terre, difant que fon père qui était perclus ferait joyeux de le voir, & que lui & fes fils iraient demeurer fur fes vaiffeaux, ce dont le commandant s'excufa.

Nous trouvâmes ici quatre navires de chrétiens de l'Inde (xxxv); & lorfque ces chrétiens vinrent pour la première fois fur la nef de Paul da Gama où fe trouvait le commandant en chef, on leur fit voir un tableau repréfentant Notre-Dame avec Jéfus-Chrift dans les bras, au pied de la croix, & avec les apôtres. Et les Indiens à la vue de cette peinture fe profternèrent fur le fol, & durant tout notre féjour ils vinrent là faire leurs oraifons, apportant des clous de girofle, du poivre, ainfi que d'autres offrandes.

Ces Indiens font des hommes bruns, légèrement vêtus; ils portent de grandes barbes & des cheveux très longs qui font nattés; ils ne mangent point de chair de bœuf, d'après ce qu'ils nous dirent, & leur langage diffère beaucoup de celui des Maures; toutefois il y en a qui favent quelque peu d'arabe par fuite des rapports continus qu'ils entretiennent avec les gens de cette nation.

Le jour où le commandant en chef fut fe promener en bateau près de la ville, on déchargea force bombardes à bord des navires des Indiens chrétiens; &, le voyant paffer, ils élevaient les mains, s'écriant tous avec une vive allégreffe : *Chrift! Chrift!* En cette occurrence, ils demandèrent

l'agrément du roi pour nous fêter durant la nuit ; &, en effet,
la nuit venue, ils firent grande réjouiſſance, tirant force
artillerie, lançant des artifices & pouſſant de grands cris.

Bien plus, ces Indiens avertirent le commandant en chef
de ne point aller à terre & de ne pas ſe fier aux careſſes des
Maures, parce qu'elles n'étaient guère l'expreſſion de leurs
ſentiments ni de leur volonté.

Le dimanche qui ſuivit, vingt-deuxième jour du mois d'a-
vril, la zavra du roi vint nous accoſter, portant un de ſes
favoris ; & comme deux jours s'étaient écoulés déjà ſans
que perſonne vînt aux navires, le commandant mit la main
ſur lui & fit demander au roi les pilotes qu'il lui avait promis. Dès qu'il eut reçu ce meſſage, le roi lui envoya un
pilote chrétien, & le commandant relâcha incontinent le
gentilhomme qu'il retenait à bord. Et nous nous réjouîmes
fort d'avoir le pilote chrétien que le roi nous avait donné (XXXVI).

Nous apprîmes ici que cette île qu'on nous repréſentait
à Mozambique comme peuplée de chrétiens, eſt une île où
réſide le roi même de Mozambique, & dont la moitié appartient aux Maures & l'autre moitié aux chrétiens. Elle
produit abondamment la ſemence de perles, & ſon nom eſt
Quiloa ; les pilotes maures avaient voulu nous y conduire,
& nous avions eu nous-mêmes le déſir d'y aller, car nous
les avions crus ſur parole.

Le bourg de Mélinde eſt aſſis au fond d'une baie & bâti le
long de la plage ; il reſſemble à Alcouchete ; les maiſons
ſont élevées, parfaitement blanchies à la chaux & percées
de nombreuſes fenêtres. Du côté de la campagne, elles
ſont bordées d'un bois de palmiers très hauts qui touche

aux habitations. Tout le pays aux alentours eft cultivé en mil & autres légumes.

Nous demeurâmes neuf jours devant cette bourgade, &, durant ces neuf jours, il y eut conftamment à terre des ré-jouiffances & des joutes à pied, le tout avec force mufique.

Le mardi, 24 dudit mois, nous partîmes de là, avec le pilote que le roi nous avait donné, pour gagner une cité du nom de Calicut dont ledit roi avait connaiffance, & nous fûmes la chercher dans l'eft. Ici la côte court du nord au fud, la terre formant un vaste golfe & un détroit; & au bord de ce golfe, d'après les renfeignements dont nous étions munis, fe trouvent plufieurs villes de chrétiens & de Maures, une entre autres du nom de Cambaye, & fix cents îles connues. C'eft là qu'eft la mer Rouge & le temple de la Mecque. Le dimanche fuivant, nous vîmes l'étoile du nord que nous avions ceffé d'apercevoir depuis longtemps, & un vendredi, dix-feptième jour du même mois, nous décou-vrîmes une haute terre. Il y avait vingt-trois jours que nous n'avions aperçu la terre, ayant toujours marché, durant cet intervalle, avec le vent en poupe; en forte que pendant cette traverfée nous avions dû faire pour le moins fix cents lieues. La terre, quand nous la découvrîmes, était à huit lieues environ de diftance; on fonda & on trouva quarante-cinq braffes. Durant la nuit, nous fîmes route au fud-eft pour nous écarter de la côte &, le jour d'après, nous allâmes la chercher, mais fans pouvoir en approcher affez pour que le pilote en eût parfaite connaiffance; ceci venait des nom-breufes averfes & des orages qui régnèrent pendant cette traverfée fur la terre & fur la côte que nous fuivions. Le dimanche, nous étions tout près des montagnes qui dominent la cité de Calicut, & nous en approchâmes aſſez pour que notre pilote les reconnût & nous dît que cette contrée était bien celle où nous déſirions arriver. Et le même jour, ſur le ſoir, nous fûmes mouiller à deux lieues en deſ-ſous de Calicut, parce que le pilote prit pour cette ville une bourgade du nom de Capua qui exiſtait en cet endroit ; & plus bas que cette bourgade s'en trouve une autre appelée Pandarany. Nous jetâmes donc l'ancre le long de la côte, à une lieue & demie de terre environ. Et lorſque nous eûmes mouillé de la ſorte, quatre barques ſe détachèrent du rivage & vinrent reconnaître qui nous étions ; on nous apprit alors & on nous montra où était Calicut. Le jour ſuivant, les mêmes barques revinrent aux navires, & le commandant envoya un des déportés à Calicut. Ceux avec qui il y alla le menèrent chez deux Maures de Tunis qui ſavaient parler le caſtillan ainſi que le génois, & le premier ſalut qu'il en reçut fut le ſuivant : — Que le diable t'emporte ! qui t'a amené ici ? — Puis ils lui demandèrent ce que nous étions venus chercher ſi loin, & il leur répondit : — Nous venons chercher des chrétiens & des épices. — Pourquoi, lui dirent-ils, le roi de Caſtille, le roi de France & la ſeigneurie de Veniſe n'y envoient-ils pas auſſi ? — Et il leur répondit que le roi de Portugal ne permettrait pas qu'ils y envoyaſſent ; à quoi ils repartirent qu'il avait raiſon. Enſuite ils lui firent accueil & lui donnèrent à manger du pain de froment avec du miel ; & lorſqu'il eut mangé, il revint aux navires. Et l'un de ces Maures l'ayant accompagné (xxxvii), ſe prit à dire dès qu'il fut à bord : — Bon ſuccès, bon ſuccès : force rubis, force émeraudes ; vous devez rendre de grandes ac-tions de grâces à Dieu pour vous avoir conduit en un pays

où il y a tant de richeffes. Nous fûmes fi grandement ébahis
que nous l'écoutions parler fans y croire, ne pouvant nous
perfuader qu'il y eût à pareille diftance du Portugal quelqu'un qui entendît notre langue.

La cité de Calicut eft habitée par des chrétiens qui font
gens bafanés ; quelques-uns portent de grandes barbes
& des cheveux longs ; d'autres ont la tête rafée ou ton-
due ; ils confervent au fommet une forte de toupet pour
indiquer qu'ils font chrétiens. Ils portent auffi des moufta-
ches, fe percent les oreilles & y mettent beaucoup d'or. Ils
vont nus jufqu'à la ceinture & fe couvrent le bas du corps de
pagnes de coton très-fines ; ceux qui s'habillent ainfi font
les plus qualifiés ; les autres fe vêtent comme ils peuvent.
Les femmes du pays font laides, en général, & de petite
ftature ; elles portent au cou maints bijoux d'or, aux bras
quantité de bracelets, & aux doigts des pieds des anneaux
enrichis de diamants. Toute cette population eft d'un bon
naturel et fenfible, du moins elle le paraît ; ce font des gens
qui femblent ignorants, à première vue, d'ailleurs extrêmement avides.

Lorfque nous arrivâmes à cette cité de Calicut, le roi en
était à quinze lieues ; le commandant en chef lui dépêcha
deux hommes pour lui dire qu'un ambaffadeur du roi de
Portugal était arrivé, qu'il apportait des lettres de fon fouverain, & qu'il irait les lui remettre à fa réfidence s'il le trouvait bon. Le roi ayant reçu ledit meffage du commandant
fit préfent aux deux hommes qui l'avaient apporté de fort
belles étoffes ; puis il lui fit répondre qu'il était le bienvenu,
& que lui-même allait fe rendre incontinent à Calicut,
comme en effet il partit fur-le-champ, accompagné d'une

6

fuite nombreufe. Par le retour de nos deux hommes, il nous envoya un pilote pour nous conduire en un parage nommé Pandarany, plus bas que notre premier mouillage, car nous étions pour le moment devant la cité de Calicut : nous y trouverions un bon port où nous devions nous amarrer, tandis que celui où nous étions ne valait rien & avait un fonds de rocher; enfin c'était la coutume des bâtiments qui venaient en ce pays de mouiller là pour leur sécurité. Le commandant, voyant ce meffage du roi, & jugeant d'ailleurs que nous n'étions pas bien, donna ordre de larguer incontinent les voiles, & nous fûmes jeter l'ancre dans le port en queftion. Toutefois nous n'entrâmes pas auffi avant que le voulait le pilote que le roi nous avait donné. Et quand nous fûmes établis & amarrés dans ledit port, vint un meffage du roi annonçant au commandant en chef qu'il était déjà dans la ville; il envoyait au bourg de Pandarany un perfonnage qu'on nomme le *baile* (1) (forte d'alcade qui marche toujours efcorté de deux cents hommes armés d'épées & de targes), pour accompagner le commandant en chef à l'endroit où il fe tenait avec d'autres perfonnes de diftinction. Or, le jour où parvint ce meffage, il fe faifait déjà tard & le commandant ne voulut pas y aller. Et le lendemain matin qui était un lundi, 28 du mois de mai, il s'en fut parler au roi & mena avec lui treize hommes de fes équipages parmi lefquels je me trouvai. Nous partîmes tous en habits de gala,

---

(1) Probablement de l'arabe *wali*, prince, gouverneur, chef militaire. Gafpar Corrêa (*Lenda*, 1, c. 17) l'appelle *gozil*, par corruption du mot arabe *wazir*, miniftre du roi. Les autres hiftoriens le nomment *catual*.

avec de l'artillerie fur les embarcations, des trompettes &
quantité de bannières. En abordant, le commandant trouva ce même alcade au milieu de beaucoup d'hommes armés et de quelques autres fans armes qui le reçurent avec
force démonftrations de joie & d'amitié, comme gens en-
chantés de nous voir. Ces individus, à première vue, n'a-
vaient pas une mine raffûrante car ils tenaient leurs armes
nues à la main. Là, on amena au commandant en chef
une forte de litière à dos d'hommes dont les perfonnes
qualifiées ont coutume de fe fervir en ce pays, ainfi qu'un
petit nombre de marchands qui, pour en ufer, paient au
roi certaine redevance. Le commandant s'y inftalla, & fix
hommes le portèrent en fe relayant; puis, avec tout ce monde
à notre fuite, nous prîmes la route de Calicut & allâmes à
un autre bourg du nom de Capua. Là, ils dépofèrent le
commandant en chef dans la maifon d'un notable du lieu,
& firent préparer pour nous un repas confiftant en riz, avec
beaucoup de beurre, & en excellent poiffon bouilli. Le commandant ne voulût pas manger en cet endroit, & quand
nous eûmes achevé, il alla s'embarquer fur un fleuve qui
eft tout proche & qui coule le long de la côte, entre la mer
& la terre ferme. Les barques fur lefquelles nous montâmes
étaient au nombre de deux, liées enfemble, afin que nous
puffions naviguer de conferve; il y avait en outre une grande
quantité d'autres embarcations qui portaient encore beaucoup
de monde; je ne dis rien de ceux qui fuivaient par terre en
nombre infini & qui, tous, étaient venus pour nous voir.
Nous fîmes environ une lieue fur ce fleuve où nous remarquâmes maints gros & grands navires échoués fur la rive, par
la raifon qu'il n'y a pas de port en cet endroit. Et lorfque nous

eûmes débarqué, le commandant reprit fa litière, & nous
poursuivîmes notre chemin au milieu d'une telle foule accourue pour nous voir qu'on n'aurait pu la dénombrer ; les
femmes, elles-mêmes, fortaient de leurs maifons avec leurs
enfants fur le bras, & s'en venaient à notre fuite. Arrivés là,
ils nous conduifirent à une grande églife où l'on remarquait
ce qui fuit :

Premièrement, le corps de l'églife eft de la grandeur d'un
monaftère ; elle eft entièrement conftruite en pierres de
taille & recouverte en tuiles ; & , à la porte principale, il
y a une colonne de bronze auffi haute qu'un mât &, au
fommet de cette colonne, un oifeau qui femble être un
coq ; puis une autre colonne de la hauteur d'un homme &
fort groffe. Au milieu du vaiffeau de l'églife on voyait un
dôme tout en pierres de taille ; & il y avait une porte pour
laiffer paffer un homme, ainfi que des degrés en pierre
pour monter à cette porte qui était de bronze ; dans l'intérieur fe trouvait une petite image qu'ils difaient être de Notre-Dame, & devant la porte principale de l'églife, le long
du mur, étaient fufpendues fept petites cloches. Là, le commandant en chef fit fes oraifons, ainfi que nous autres
(xxxviii) ; mais nous ne pénétrâmes point dans l'intérieur
de cette chapelle parce que leur règle eft qu'on n'y entre
pas, hormis certains individus qui font au fervice des églifes
& qu'ils nomment *quafees*. Ces *quafees* portent une manière
de corde jetée fur l'épaule (c'eft l'épaule gauche) & paffant
fous le bras droit, comme les diacres portent l'étole. Ceux-
ci nous afpergèrent d'eau bénite & nous donnèrent une
terre blanche que les chrétiens de ce pays ont accoutumé
de porter à la tête, à la poitrine, derrière le cou & aux avant-

bras. Toutes ces cérémonies, ils les firent au commandant, & lui préfentèrent de cette terre pour qu'il s'en fervît; & il la prit & la donna à garder, laiffant entendre qu'il en ferait ufage plus tard. Sur les murailles de l'églife on voyait maintes autres peintures repréfentant des faints qui portaient des diadêmes, & ces images étaient de diverfes façons, car quelques-unes avaient des dents fi grandes qu'elles fortaient d'un pouce de la bouche; & chaque faint avait quatre ou cinq bras. Au bas de cette églife était un grand baffin conftruit en pierres de taille, comme plufieurs autres que nous avions remarqués le long du chemin.

Nous quittâmes ce lieu, &, à l'entrée de la cité, on nous mena à une autre églife où fe voyaient les mêmes chofes que celles qui ont été relatées plus haut. Ici, s'accrut tellement la foule accourue pour nous voir, que le chemin ne pouvait plus la contenir; auffi, lorfque nous fûmes affez avant dans la rue, on dépofa le commandant dans une maifon & on nous y fit entrer avec lui, à caufe de l'affluence qui était devenue confidérable. Là, le roi envoya un frère du *baile*, qui était un feigneur du pays; il venait pour accompagner le commandant & menait avec lui bon nombre de tambours, de clairons, d'anafils, ainfi qu'une efpingole que l'on déchargeait devant nous. Ce fut ainfi qu'ils conduifirent le commandant, avec de grandes démonftrations de refpect, c'eft-à-dire autant & même plus qu'on n'en ferait en Efpagne pour un roi. La foule était fi grande qu'on n'aurait pu la dénombrer; les toits & les maifons débordaient de curieux, outre ceux qui nous environnaient, parmi lefquels il y avait bien deux mille hommes armés. Et plus nous avancions vers le palais où était le roi, plus l'affluence croiffait.

En approchant de la résidence royale, des perfonnages du
plus haut parage & des grands feigneurs vinrent à la rencontre du commandant, fans compter bon nombre d'autres qui
déjà cheminaient avec lui : il pouvait être une heure avant le
coucher du foleil. Et lorfque nous fûmes arrivés, nous entrâmes par une porte dans une cour fpacieufe &, avant de
parvenir à celle du roi, nous en franchîmes quatre autres,
nous faifant jour par force & diftribuant force horions autour de nous. Parvenus à la dernière porte qui donnait chez
le roi, nous en vîmes fortir un vieillard de petite taille qui
eft une efpèce d'évêque, le roi fe dirigeant d'après lui en ce
qui concerne les chofes de l'Eglife ; il embraffa le commandant fur le feuil de cette porte, &, en entrant, il y eut des
gens bleffés & nous n'y pénétrâmes qu'avec de vigoureux
efforts.

Le roi était dans une petite cour, couché fur un lit de repos difpofé de la forte : en bas, un drap de velours vert ;
par-deffus, un fort bon matelas &, fur le matelas, un linge
de coton parfaitement blanc & plus fin qu'aucune toile de
lin ; enfin le lit était garni d'oreillers du même genre. De
la main gauche, il tenait une énorme coupe d'or, auffi haute
qu'un pot d'une demi-almude (1), large de deux palmes
à l'ouverture & fort épaiffe en apparence ; il rejetait dans
ce vafe le marc de certaines herbes que les gens du pays
mâchent à caufe de la chaleur & qu'ils nomment *atambor* (x x x i x) ; à droite, il y avait un baffin d'or qu'un homme

(1) L'almude eft une mefure de capacité qui correfpond à feize
litres & demi environ. (*Trad.*)

eût à peine mefuré de fes deux bras & qui contenait ces
herbes, puis plufieurs aiguières d'argent ; enfin, le ciel du
lit était tout doré. Or, quand le commandant entra, il fit
fa révérence felon la coutume du pays qui confifte à joindre
les mains & à les élever vers le ciel, comme les chrétiens le
font ordinairement en s'adreffant à Dieu ; puis, après les
avoir élevées, ils les ouvrent & les ferment vivement. Alors
le roi, de la main droite, fit figne au commandant de venir
au bas de l'eftrade qu'il occupait ; mais le commandant n'ap-
prochait point parce que l'ufage du pays ne permet à perfonne d'approcher du roi, hormis un de fes favoris qui lûi
préfentait ces herbes ; & fi quelqu'un lui parle, c'eft en
mettant la main devant la bouche & en fe tenant à diftance.
Tout en faifant figne au commandant, il jeta les yeux fur
nous, & ordonna que l'on nous fît affeoir fur un banc, près
de lui, en un endroit où il pouvait nous voir, & qu'on nous
donnât de l'eau pour les mains ; puis il fit apporter une forte
de fruit qui eft fait comme un melon, fauf qu'à l'extérieur il
eft rugueux, mais à l'intérieur il eft doux ; il en fit apporter
auffi un autre femblable à la figue & d'un goût excellent.
Nous avions là des hommes occupés à nous les préparer, tandis que le roi obfervait comment nous mangions, nous fou-
riait, & caufait avec fon favori qui fe tenait à fon côté pour
lui donner à mâcher les herbes dont on a parlé. Après cela,
jetant les yeux fur le commandant affis en face de lui, il
lui dit de s'adreffer aux perfonnes qui fe trouvaient là,
qu'elles étaient de haute condition, & qu'il pouvait leur dire
ce qu'il fouhaitait ; qu'enfuite elles le lui tranfmettraient.
Le commandant en chef répondit qu'il était ambaffadeur
du roi de Portugal & porteur d'un meffage qu'il ne devait

remettre qu'à lui-même. Le roi dit que c'était fort bien,
puis le fit mener à l'inftant en une chambre, &, lorfqu'il y
fut, fe leva de fa place & alla le trouver. Pour nous, nous
demeurâmes au même endroit; ceci fe paffait vers le coucher du foleil. Et quand le roi fe leva, un vieillard qui était
dans la cour vint auffitôt enlever le lit, mais la vaiffelle
refta. Le roi étant allé où fe trouvait le commandant fe
jeta fur un autre lit de repos garni d'étoffes brodées d'or,
puis il lui demanda ce qu'il voulait. Le commandant répondit qu'il était ambaffadeur d'un roi de Portugal, feigneur d'un grand royaume, riche en toute efpèce de
chofes, bien plus qu'aucun monarque de ces contrées;
que depuis foixante ans les rois fes prédéceffeurs avaient
envoyé chaque année des navires à la découverte en ces
quartiers, fachant qu'il s'y trouvait des rois chrétiens comme
eux; que cette raifon les avait engagés à faire rechercher
ce pays, & nullement le befoin d'or ou d'argent, car ils en
poffédaient en fi grande quantité qu'ils n'avaient que faire
d'en tirer de cette contrée; que les capitaines defdits navires naviguaient l'efpace d'un an ou deux, jufqu'à ce que
les vivres leur manquaffent, &, que, sans rien avoir trouvé,
ils étaient revenus en Portugal. Qu'actuellement, un roi
du nom de Dom Manuel lui avait fait conftruire ces trois
navires dont il lui avait donné le commandement en chef,
& lui avait enjoint de ne point revenir en Portugal qu'il n'eût
trouvé ce roi des chrétiens, finon qu'il lui ferait couper la
tête; que dans le cas où il le découvrirait il lui remît deux
lettres, dont il ferait remife le lendemain; qu'enfin il lui
mandait par fa bouche qu'il était fon frère & fon ami. Le
roi, répondant à ce difcours, dit au commandant qu'il était

le bienvenu ; qu'à fon tour il tenait le roi de Portugal pour
fon frère & ami, & qu'il lui enverrait des ambaſſadeurs par
fon entremiſe, ce que le commandant lui demanda comme
une faveur, attendu qu'il n'oſerait paraître devant le roi fon
maître fans ramener quelques-uns de ſes ſujets. Ces propos & bien d'autres s'échangèrent entre tous deux dans la
ſufdite chambre, & la nuit s'avançant, le roi s'informa du
commandant s'il ſouhaitait loger chez des chrétiens ou chez
des Maures ; & le commandant repartit qu'il ne voulait loger
ni chez des chrétiens, ni chez des Maures ; mais qu'il lui fît
la grâce de lui donner un logement à part où il n'y eût perſonne. Le roi dit qu'il en ordonnerait ainſi ; ſur quoi le commandant prit congé, & vint nous retrouver dans l'endroit où
l'on nous avait mis, ſous une véranda qui était éclairée par
un grand chandelier de bronze ; il pouvait être déjà quatre
heures de nuit. Pour lors, nous prîmes tous avec le commandant le chemin de notre logis, eſcortés par une foule in-
nombrable ; la pluie tombait ſi fort que l'eau ruiſſelait dans
les rues, & le commandant était porté par ſix hommes.
Nous cheminâmes par la cité durant ſi longtemps qu'il s'en-
nuya d'aller ainſi & ſe plaignit à un Maure de qualité, facteur du roi, qui l'accompagnait pour le mener à ſon logis. Et
le Maure le conduiſit à ſa maiſon & le fit entrer dans une
cour intérieure où s'élevait un pavillon couvert en briques ;
il y avait là quantité de tapis étendus & deux énormes
chandeliers, ſemblables à ceux du roi, portant en haut de
grandes lampes de fer allumées, remplies d'huile ou de
graiſſe ; & chaque lampe était munie de quatre mèches qui
répandaient une grande lumière. Ce ſont ces lampes qu'ils
ont coutume de porter en guiſe de torche. Or, ledit Maure

7

fit amener là un cheval afin que le commandant pût gagner
fon logis ; mais comme on l'amena fans felle, il refufa de le
monter : nous reprîmes donc le chemin de notre gîte où,
quand nous arrivâmes, fe trouvaient déjà certains des nôtres, avec le lit du commandant & maints autres objets qu'il
avait apportés dans le deffein de les offrir au roi. Le mardi
donc, le commandant tint prêtes les chofes fuivantes pour les
envoyer au roi, favoir : douze pièces de drap rayé, quatre
capuces écarlates, fix chapeaux, quatre filières de corail, un
fervice de baffins compofé de fix pièces, une caiffe de fucre,
enfin quatre barils pleins, deux d'huile & deux de miel. Et,
comme il eft d'ufage ici de ne rien envoyer au roi fans en
avoir avifé en premier lieu le Maure qui eft fon facteur &,
après lui, le bailè, le commandant les fit prévenir. Ils vinrent donc & fe prirent à rire d'un femblable préfent, difant
que ce n'était point chofe à offrir au roi, que le plus pauvre
marchand arrivant de la Mecque ou des Indes en donnait
davantage, & qu'enfin, s'il voulait faire un préfent, il en-
voyât de l'or, le roi n'ayant que faire de tout cela. Le commandant fut contrifté de ces propos : il dit qu'il n'apportait
point d'or, que d'ailleurs il n'était pas marchand, mais ambaffadeur ; qu'il donnait de ce qu'il avait & que c'était de
fon bien, non de celui du roi. Que quand le rói de Portugal l'enverrait de rechef, il le chargerait alors de bien d'autres préfents infiniment plus riches ; que fi le roi Camolim (1) refufait celui-ci, il le renverrait aux navires ; à quoi

_____

(1) *Zamorin*, dénomination des rois de Calicut, bien connue
dans l'hiftoire des Indes.

ils répondirent qu'ils ne se souciaient pas de le remettre au roi, ni ne souffriraient qu'on le lui préfentât. Et lorfqu'ils furent partis, vinrent des Maures, de ces trafiquants, qui tous affectèrent du dédain pour le préfent que le commandant deftinait au roi.

Voyant, d'après leur détermination, qu'il ne fallait plus fonger à cet envoi, le commandant déclara que puifqu'on l'empêchait de faire remettre fon préfent au roi, il irait lui parler, mais qu'il voulait d'abord retourner fur fes navires ; ils répondirent que c'était bien, qu'il attendît un peu, qu'ils ne tarderaient pas à le rejoindre & qu'alors ils iraient enfemble au palais. Et le commandant attendit leur retour durant toute la journée, mais on ne les revit plus. Dans fon irritation de fe voir entouré d'hommes auffi flegmatiques & fur lefquels on pouvait faire fi peu de fond, le commandant voulait fe rendre fans eux au palais ; toutefois il trouva mieux d'attendre au lendemain. Nous autres, après tout, ne laiffions pas que de nous divertir, de chanter, de danfer au fon des trompettes & de nous donner du bon temps. Quand arriva le mercredi, les Maures vinrent dans la matinée pour conduire le commandant au palais, & nous y allâmes avec lui. On y voyait circuler nombre de gens armés; & pendant quatre grandes heures, le commandant demeura avec ceux qui l'avaient amené devant une porte qu'on leur ouvrit feulement quand le roi eut fait dire qu'ils pouvaient entrer, que le commandant ne prît pas plus de deux hommes avec lui & choisît ceux dont il voulait être accompagné. Il dit alors qu'il défirait faire entrer avec lui Fern. Martin, celui qui connaiffait la langue, & fon fecrétaire, jugeant, comme nous autres, que cette féparation ne difait rien de bon. Et lorfqu'il fut en préfence du roi, celui-ci lui dit que le mardi il avait attendu fa vifite ; & le commandant répondit qu'il avait été fatigué de la route & n'était pas venu pour cette raifon. Le roi reprit & dit qu'il s'était annoncé comme vevant d'un royaume très riche, & qu'il ne lui avait rien apporté ; qu'en outre il s'était dit chargé d'une lettre pour lui & qu'il ne la lui remettait pas. A cela, le commandant répliqua que s'il ne lui avait rien apporté, c'eft que l'objet de fon voyage était feulement d'obferver & de découvrir ; que quand viendraient d'autres navires, il verrait ce qu'on lui apporterait ; qu'enfin, à l'égard de la lettre dont il s'était dit porteur, rien n'était plus vrai, & qu'il allait la remettre à l'inftant.

Pour lors le roi lui demanda : Qu'était-ce donc qu'il était venu découvrir, des pierres ou des hommes ? S'il était venu pour des hommes, comme il le difait, que n'apportait-il quelque chofe ? De plus, on lui avait affuré qu'il poffédait une Sainte-Marie en or. Le commandant répondit que la Sainte-Marie qu'il poffédait n'était pas en or ; & que, fût-elle en or, il ne s'en deffaifirait pas, car elle l'avait guidé fur mer & le ramènerait en fon pays. Le roi lui dit alors de lui remettre la lettre dont il était porteur. Et le commandant répondit que comme les Maures lui étaient hoftiles & la traveftiraient, il demandait en grâce qu'on fît appeler un chrétien fachant parler arabe. Le roi dit que c'était fort bien, puis envoya quérir incontinent un jeune homme de petite taille qui avait nom Quaram. Alors le commandant annonça qu'il était porteur de deux lettres ; l'une écrite en fa propre langue, l'autre en maurefque ; qu'il entendait fort bien celle qui était écrite en fa langue & favait qu'elle ne

laiffait rien à défirer ; mais que pour l'autre, il ne l'entendait pas ; qu'elle pouvait être bien, comme elle pouvait ren-
fermer quelques erreurs. Or, comme le chrétien ne favait
pas lire le maurefque, quatre Maures prirent la lettre, la lu-
rent entre eux, & vinrent enfuite en faire lecture au roi qui
en demeura fatisfait. Il demanda enfuite au commandant
quelles fortes de marchandifes fe rencontraient en fon pays.
Le commandant répondit qu'il y avait abondance de blé,
d'étoffes, de fer, de cuivre, & il en nomma encore plufieurs
autres. Le roi s'informa s'il avait avec lui quelques marchandifes ; il repartit qu'il avait apporté un peu de tout, pour la
montre ; qu'il demandait la liberté de retourner à bord de
fes navires pour faire débarquer ces objets, & que quatre
ou cinq de fes hommes demeureraient à l'endroit où ils
étaient logés. Le roi répondit que non, qu'il pouvait s'en
retourner, qu'il emmenât tout fon monde avec lui & fît bien
amarrer fes vaiffeaux, qu'il mît fa marchandife à terre & la
vendît du mieux qu'il le pourrait. Après avoir pris congé
du roi, le commandant s'en revint au logis avec nous autres, &, comme il était déjà tard, il ne fe mit point en peine
de partir. Or, le jeudi matin, on lui amena un cheval non
fellé, mais il ne voulut point le monter & demanda un
cheval du pays, c'eft-à-dire une litière, parce qu'il ne lui
convenait pas de chevaucher à poil. Pour lors, on le conduifit en la demeure d'un très riche marchand, du nom de
Guzerate, qui fit préparer une de fes litières, & dès qu'elle
fut prête, le commandant y monta & prit, accompagné
d'une foule nombreufe, le chemin de Pandarany où étaient
les navires ; nous autres, ne pouvant fuivre fon allure, nous
demeurâmes fort en arrière. Et, comme nous cheminions

ainfi, furvint le baile qui nous dépaffa & rejoignit le commandant. Pour nous, nous nous trompâmes de route &
allâmes bien avant dans l'intérieur ; mais ledit baile nous
dépêcha un homme qui nous remit dans notre direction.
En arrivant à Pandarany, nous trouvâmes le commandant
dans une de ces hôtelleries comme il y en a plufieurs
fur ces routes pour abriter contre la pluie les paffants &
les voyageurs ; avec lui étaient le baile & bon nombre
d'autres perfonnes. Quand nous fûmes là, le commandant demanda au baile de lui faire donner une almadie
afin que nous nous rendiffions tous à bord ; mais il répondit, de concert avec les autres, qu'il était déjà tard (& en
effet le foleil fe couchait), & que nous partirions le jour
fuivant. Le commandant repartit que s'ils ne la lui donnaient pas, il retournerait vers le roi, car il l'avait renvoyé
fur fes navires ; qu'eux, cependant, le voulaient retenir, ce
qui était très-mal agir puifqu'il était chrétien comme eux.
Quand ils virent le mécontentement du commandant, ils
lui dirent qu'il pouvait partir, & qu'ils lui fourniraient
trente almadies s'il en avait befoin d'autant. Pour lors, ils
nous menèrent le long de la plage, & le commandant,
foupçonnant quelque mauvais deffein, envoya trois hommes en avant : s'ils trouvaient les embarcations des navires
& que fon frère y fût, ils devaient lui dire de fe cacher.
Ils allèrent, ne trouvèrent rien & s'en revinrent ; & comme
on nous fit prendre une autre direction, nous ne pûmes
pas nous rencontrer. Lors, ils nous conduifirent en la maifon
d'un Maure, car il était déjà nuit clofe, & dirent, en y
arrivant, qu'ils s'allaient mettre en quête des trois hommes
qui ne nous avaient pas rejoints. Après leur départ, le

commandant fit acheter force poules avec force riz, & nous
foupâmes, bien que très-fatigués d'avoir marché pendant
toute la durée du jour. Quant à eux, du moment où ils fe
furent éloignés, ils ne revinrent plus qu'au matin. Et le
commandant difait que ces gens-là lui paraiffaient honnêtes,
car s'ils avaient mis obftacle à notre départ la nuit d'avant,
ils l'avaient fait dans de bonnes intentions ; cependant,
d'autre part, nous les tenions tous en fufpicion & les
jugions mal difpofés, en raifon de ce qui nous était advenu
les jours précédents à Calicut. Et quand le lendemain ils
revinrent, le commandant leur ayant demandé des embarcations pour regagner fon bord, ils fe mirent tous à chu-
chotter entre eux, puis lui dirent de faire avancer fes
navires plus près de terre & qu'il pourrait alors y retourner.
Le commandant répondit que s'il donnait l'ordre aux navires
d'approcher, fon frère penferait qu'on le retenait captif &
qu'il cédait à la violence ; qu'alors il mettrait à la voile &
s'en irait en Portugal. Ils répliquèrent que s'il refufait de
faire avancer fes vaiffeaux, il n'y retournerait d'aucune autre
façon. Le commandant repartit que le roi Camolim l'ayant
renvoyé fur fes navires, s'ils ne lui permettaient pas de s'y
rendre, comme l'avait ordonné le roi, c'eft à lui-même qu'il
s'adrefferait ; qu'il était chrétien comme lui ; que s'il
s'oppofait à fon départ & voulait le retenir en fes Etats, il
s'en réjouirait infiniment. Ils répondirent que oui, qu'il y
allât. Toutefois, ils n'y prêtaient guère la main, car les portes
du lieu où nous étions furent toutes fermées incontinent,
& la maifon remplie de gens armés qui nous gardaient de
fi près qu'aucun des nôtres ne pouvait fortir fans être bien
accompagné. Enfuite ils en vinrent à nous demander de

leur donner les voiles & les gouvernails ; mais le commandant déclara qu'il n'avait rien de tout cela à leur donner
puifque le roi Camolim l'avait renvoyé fans condition à fon
bord ; qu'ils fiffent ce qu'ils voudraient de fa perfonne, mais
qu'ils n'obtiendraient rien de lui.

Ayant tous l'âme fort attriftée, bien qu'au dehors nous
montraffions peu de fouci de leurs procédés, le commandant dit que puifqu'on refufait de le laiffer retourner aux
navires, on permît au moins à fes gens d'y aller, car ils
mouraient de faim en cet endroit. La réponfe fut qu'ils
devaient refter ; que s'ils mouraient de faim ils priffent
patience, que pour eux ils n'en croyaient rien. Sur ces
entrefaites, furvint un des hommes qui nous avaient perdus
la veille au foir, & il prévint le commandant que Nicolas
Coelho l'attendait fur la côte depuis la nuit précédente
avec les embarcations. Auffitôt que le commandant eut
reçu cet avis, il dépêcha un meffager à Nicolas Coelho, le
plus fecrètement qu'il put & en ufant de beaucoup d'adreffe,
car nous avions une garde nombreufe autour de nous ; il
lui mandait de quitter ces lieux au plus vite, de fe retirer
fur les vaiffeaux & de les mettre en fûreté ; ce meffage
parvint à Nicolas Coelho qui s'éloigna précipitamment. Or,
ceux qui nous gardaient ayant été avifés de fon départ,
armèrent en toute hâte plufieurs almadies & le pourfui-
virent jufqu'à une certaine diftance ; mais voyant qu'ils ne
pouvaient l'atteindre, ils revinrent trouver le commandant,
& lui dirent d'écrire à fon frère qu'il rapprochât de terre fes
navires et entrât plus avant dans le port. Le commandant
répondit qu'il ne demandait pas mieux, mais que fon frère
ne le ferait pas ; & que, quand même il y confentirait, fes

compagnons s'y oppoſeraient & ne voudraient pas courir à leur perte ; à quoi ils répartirent qu'il la leur donnait belle, qu'ils ſavaient bien que s'il ordonnait, il ſerait obéi.

Le commandant ne voulait pas faire entrer les navires plus avant dans le port parce qu'il penſait, & c'était auſſi notre ſentiment, qu'une fois dans l'intérieur, ils pourraient bien s'en emparer & nous égorger, en commençant par lui & par nous autres qui déjà nous trouvions en leur pouvoir.

Toute cette journée, nous la paſſâmes dans l'anxiété comme on l'a vu ; quand vint la nuit, il y eut bien plus de monde encore autour de nous ; on ne nous permit plus de circuler dans l'eſpèce d'enclos où nous étions placés, mais on nous mit dans une petite cour pavée en briques, & on nous entoura d'une quantité de gens infinie. Nous trouvant ainſi au milieu d'eux, nous nous attendions, le lendemain, à être ſéparés les uns des autres, ou à ſubir quelque autre traitement funeſte, tant ils nous paraiſſaient animés contre nous. Ce nonobſtant, nous ne laiſſâmes pas que de fort bien ſouper de ce que l'on trouva dans la bourgade. Pendant la nuit, nous fûmes gardés par plus d'une centaine d'individus armés d'épées, de haches, de rondaches, d'arcs & de flèches ; & ils s'arrangeaient de telle façon, que les uns dormaient, quand les autres veillaient, alternant ainſi toute la nuit.

Le lendemain, qui ſe trouvait un ſamedi, deuxième jour du mois de juin, les ſeigneurs vinrent dans la matinée &, cette fois, avec meilleur viſage. Ils dirent au commandant que puiſqu'il avait manifeſté au roi l'intention de mettre à terre ſa marchandiſe, il la fît débarquer ; car, d'après la coutume du pays, les navires qui y abordent quels qu'ils

8

foient, doivent mettre incontinent leur cargaifon à terre ainfi
que tout leur équipage, &, jufqu'à la vente complète de la
marchandife, le vendeur ne retourne pas à bord. Le commandant répondit qu'il y confentait & qu'il écrirait à fon
frère de l'expédier ; ils dirent que c'était bien &, qu'auffitôt
après le débarquement des marchandifes, on le laifferait
regagner fes navires. Le commandant écrivit donc à fon
frère de lui envoyer certaines chofes que celui-ci expédia
fur-le-champ ; & dès qu'ils les eurent vues, ils lui permi-
rent de retourner à bord, & deux hommes demeurèrent à
terre avec les marchandifes. Nous nous réjouîmes tous
infiniment de ce réfultat, & rendîmes de grandes actions de
grâces à Notre-Seigneur pour nous avoir tirés des mains de
pareils hommes, auffi incapables d'entendre la raifon que
des brutes ; nous favions bien, en effet, qu'une fois le
commandant fur fes vaiffeaux, d'autres pouvaient refter à
terre fans qu'il leur fût fait aucun mal. Quant à lui, de
retour à bord , il ne voulut pas envoyer pour le moment
une plus grande quantité de marchandifes. A cinq jours de
là, le commandant fit favoir au roi comment, après avoir
été renvoyé par lui fur fes navires, certains des fiens l'a-
vaient empêché d'y retourner en le retenant fur la route
durant un jour & une nuit ; il ajoutait qu'il avait fait mettre
à terre fa cargaifon, comme il le lui avait commandé, mais
que les Maures ne venaient là que pour la déprécier ; qu'il
vît donc ce qu'il lui plairait d'ordonner parce qu'il n'atta-
chait aucune importance à ces marchandifes ; qu'il demeurait d'ailleurs à fon fervice, lui & fes navires. Le roi fit auffitôt répondre que ceux qui s'étaient comportés de la forte
étaient de mauvais chrétiens & qu'il les châtierait ; puis il

envoya fept ou huit marchands examiner la marchandife afin qu'ils l'achetaffent fi elle était à leur gré ; en outre, il envoya fur place un homme qualifié, pour y demeurer avec le facteur, & ils avaient ordre de tuer tout Maure qui approcherait, fans être aucunement recherchés pour ce fait.

Les marchands envoyés par le roi demeurèrent là une huitaine de jours ; mais loin d'acheter, ils dépréciaient la marchandife. Quant aux Maures, ils ne vinrent point du tout au magafin où elle était dépofée, & leur inimitié s'en accrut à tel point que, fi quelqu'un de nous allait à terre, ils crachaient fur le fol, dans l'intention de nous mortifier, en difant : « Portugal, Portugal » ; d'ailleurs, dès le principe, ils avaient cherché les moyens de fe faifir de nous & de nous mettre tous à mort. Or, quand le commandant vit que la marchandife n'était pas en un lieu favorable à la vente, il le manda incontinent au roi, témoignant le défir de l'expédier à Calicut & demandant fon agrément. A cette requête du commandant, le roi s'empreffa d'ordonner au baile de prendre autant de monde qu'il en faudrait pour charger à dos la totalité des marchandifes & pour la tranfporter immédiatement en ville, ajoutant que les frais feraient à fa charge, & que rien de ce qui appartenait au roi de Portugal ne devait payer en fes Etats. Mais tout cela cachait le deffein de nous faire un mauvais parti, à caufe de la méchante opinion qu'on lui avait fait concevoir de nous en nous repréfentant comme des larrons qui cherchions l'occafion de voler ; toutefois il fit, comme on l'a vu, tout ce qui vient d'être rapporté.

Un dimanche, jour de faint Jean-Baptifte & vingt-quatrième du mois de juin, la marchandife partit pour Calicut, &, une fois là, le commandant voulut que tout le monde

allât en ville de cette façon : chaque navire enverrait un homme qui, au retour, ferait remplacé par un autre ; en forte que tous pourraient voir la cité, & chacun faire emplette de ce qui lui plairait. Ceux qui faifaient ainfi la route recevaient beaucoup d'honnêtetés de la part des chrétiens ; ils étaient tous pleins de joie lorfque quelqu'un des nôtres allait manger ou coucher en leur logis, & ils leur donnaient de bon cœur de tout ce qu'ils poffédaient. De même, nombre d'individus venaient à bord échanger du poiffon pour du pain & y recevaient très-bon accueil ; beaucoup d'autres amenaient avec eux leurs fils & leurs petits garçons, & le commandant leur faifait donner à manger. Nous agiffions ainfi dans le but de nouer avec eux des liens de paix & d'amitié, & pour les engager à dire de nous du bien & non du mal. Et ils venaient en fi grand nombre que nous en étions importunés & que, maintes fois, il était nuit clofe, que nous ne pouvions pas les faire fortir des navires, ce qui s'explique par la grande population de ce pays & la rareté des fubfiftances. S'il arrivait, parfois, que quelques-uns de nos hommes allaffent raccommoder une voile & emportaffent du bifcuit pour leur repas, ils étaient affaillis par une troupe fi nombreufe de petits garçons & d'hommes faits, que le morceau leur était arraché des mains & que, finalement, ils n'en mangeaient pas une bouchée. Nous allâmes donc à Calicut, tous tant que nous étions fur les navires, comme je vous l'ai dit, deux à deux & trois à trois, portant à vendre de ce que nous avions, comme bracelets, hardes, étain, chemifes, chacun enfin fuivant fes facultés ; & l'on vendait, bien que nous n'obtinffions pas de ces objets le prix que nous avions eu l'efpoir d'en tirer à notre arrivée de

Mozambique ; car une chemife très-fine, valant trois cents *reis* en Portugal, fe donnait pour deux *fanòs*, qui repréfentent ici trente *reis ;* il eft vrai qu'une valeur de trente *reis* n'eft pas peu de chofe en ce pays. Faifant ainfi bon marché des chemifes, on en faifait autant du refte, afin de rapporter quelques échantillons des produits de la contrée ; on achetait donc de ce qui fe vendait par la ville, des clous de girofle & de la cannelle, ainfi que des pierres fines ; & chacun, après avoir fait emplette de ce qui lui plaifait, s'en retournait à bord fans que perfonne lui dît un mot. Le commandant, voyant l'excellent naturel de cette population, réfolut de laiffer fur place un faćteur & un clerc, avec la marchandife, & quelques autres individus. Or, l'époque de notre départ approchant, il envoya au roi un préfent d'ambre, de corail & de maints autres objets ; il lui faifait favoir qu'il fe difpofait à retourner dans fa patrie, & demandait s'il voulait envoyer quelques perfonnes au roi de Portugal, ajoutant qu'il laifferait ici un faćteur & un clerc, ainfi que plufieurs autres individus, avec la marchandife ; qu'il lui offrait ce préfent, & le priait de faire expédier au roi, fon maître, un *bahar* de cannelle, un autre de girofle, ainfi que de toute autre forte d'épicerie à fon gré ; que le faćteur opèrerait des rentrées & s'acquitterait envers lui s'il l'exigeait. Quatre jours s'écoulèrent fans qu'il fût poffible de parler au roi, à partir du moment où ce meffage du commandant parvint à fa réfidence ; & quand celui qui en était porteur fut introduit en fa préfence, le roi lui fit mauvais vifage & lui demanda ce qu'il voulait. L'envoyé lui tranfmit le meffage du commandant, tel qu'il a été rapporté plus haut, & ajouta qu'il lui envoyait le fufdit préfent. Le

roi lui dit de remettre au facteur ce qu'il lui apportait & ne
le voulut point voir ; puis, il le chargea de dire au commandant que puifqu'il voulait partir, il lui payât fix cents
xérafims (1) & s'en allât en paix ; que telle était la coutume
du pays & de ceux qui y venaient. Diégo Dias, qui était
chargé du meffage, dit alors qu'il allait rapporter cette réponfe
au commandant. Et lorfqu'il s'en fut, certains individus
partirent avec lui, & étant arrivés au magafin où fe trouvait la marchandife, à Calicut, ils y mirent du monde afin
d'empêcher ceux qui la gardaient de fortir ; en même temps
ils firent publier par la cité défenfe à toute embarcation de
communiquer avec les navires. Or, quand les nôtres fe virent
ainfi prifonniers, ils chargèrent un jeune nègre qui était
avec eux d'aller voir le long de la côte s'il trouverait moyen
de fe faire mener à bord des navires pour dire comment ils
avaient été arrêtés par les ordres du roi. Il s'en fut donc au
bout de la ville, où demeuraient certains pêcheurs, & l'un
d'eux le conduifit pour trois *fanós ;* & s'il le fit, c'eft que
la nuit commençait à s'épaiffir & qu'on ne pouvait les apercevoir de la cité ; auffi, dès qu'il l'eut mis à bord, s'éloigna-
t-il fans tarder davantage : ceci fe paffait un lundi, treizième
jour du mois d'août 1498.

Cette nouvelle nous affligea tous, non-feulement parce
que nous voyions plufieurs des nôtres entre les mains de
leurs ennemis, mais à caufe du grand empêchement qui
en réfultait pour notre départ. Nous ne fûmes pas moins

---

(1) Le *xéraphim* eft une unité monétaire ufitée encore aujour-
d'hui à Goa ainfi que dans les autres poffeffions portugaifes de
l'Inde, & valant trois cents *reis,* ou environ 1 fr. 50 c. (*Tr.*)

fâchés qu'un roi chrétien nous jouât un aussi méchant
tour, quand on faisait acte de libéralité envers lui ; d'autre
part, cependant, nous ne trouvions pas sa faute aussi grave
qu'elle le paraissait, sachant à n'en point douter que les
Maures de l'endroit, qui étaient des marchands de la Mecque
& de bien d'autres lieux, & qui nous connaissaient, suppor-
taient impatiemment notre présence. Ils disaient au roi que
nous étions des larrons, & que si nous nous mettions à
naviguer en ces parages, aucun bâtiment de la Mecque, de
Cambaye ou des *Imgros*, ni même d'autres contrées, ne
viendrait plus en ses Etats ; qu'il n'en retirerait d'ailleurs
nul profit, car nous n'avions rien à lui donner, mais bien au
contraire à lui prendre, & que ceci pouvait amener la ruine
de son pays. Non contents de ces propos, ils s'efforçaient
de le gagner par des présents pour qu'il nous fît arrêter &
mettre à mort, afin que nous ne retournassions pas en
Portugal. Les capitaines en furent avisés par un Maure du
pays qui leur dévoila ce qui se tramait & les prévint de
ne point quitter leurs navires pour se rendre à terre, principalement le commandant en chef. Outre l'avis de ce
Maure, on sut par deux chrétiens que si les capitaines dé-
barquaient, on leur couperait la tête, le roi en usant de la
sorte à l'égard de ceux qui venaient en ses Etats & ne lui
donnaient point d'or.

Telle était notre situation ; le lendemain se passa sans
que nulle barque accostât les navires ; mais le jour d'après,
vint une almadie avec quatre jeunes gens qui apportaient
des pierres fines à vendre. Nous jugeâmes qu'ils venaient
plutôt comme mandataires des Maures, que dans le but de
vendre des pierreries, & que l'on voulait voir si nous leur

ferions quelque chofe ; mais le commandant les reçut à merveille &, par leur entremife, écrivit une lettre à nos compagnons qui étaient à terre. Quand on vit que nous ne leur avions rien fait, quantité de marchands arrivèrent jour- nellement à bord, ainfi que d'autres individus qui, n'étant pas marchands, y venaient par curiofité ; tous recevaient un bon accueil & nous leur donnions à manger. Or, le di- manche fuivant, il nous arriva environ vingt-cinq hommes dont fix étaient des perfonnes qualifiées ; pour lors, le com- mandant, jugeant qu'en échange de ceux-ci on lui ren- drait nos gens arrêtés & emprifonnés à terre, mit la main fur eux & en fit faifir encore douze de moindre condition, ce qui fit, en totalité, dix-neuf qu'il garda prifonniers. Quant aux autres, il les fit conduire à terre dans une de fes embarcations avec une lettre pour le Maure, faƈteur du roi, par laquelle il lui mandait de lui renvoyer les hommes qu'il retenait, qu'à fon tour il rendrait ceux dont il s'était faifi. Et quand on vit que nous avions fait des prifonniers, quan- tité de perfonnes fe tranfportèrent à leur fujet au comptoir des marchandifes, & amenèrent les nôtres au logis du fac- teur, mais fans leur faire aucun mal.

Le mercredi, vingt-troifième jour dudit mois, nous mîmes à la voile, annonçant que nous allions retourner en Portugal & que nous penfions revenir fous peu ; qu'on verrait bien alors fi nous étions des larrons. Et nous allâmes mouiller fous le vent de Calicut, à quatre lieues environ, à caufe du vent qui était de l'avant ; & le jour qui fuivit, nous courûmes un bord à terre, mais nous ne pûmes doubler certains bas-fonds qui fe trouvent devant Calicut, en forte que nous virâmes & jetâmes l'ancre en vue de la cité. Le

famedi, nous reprîmes la bordée du large, & mouillâmes fi
avant en mer qu'à peine diftinguait-on la terre. Or, le dimanche, comme nous étions à l'ancre en attendant la brife,
vint du large une barque qui était à notre recherche pour
nous dire que Diégo Dias fe trouvait au palais du roi, &
qu'on promettait, à fon retour, de ramener nos compagnons à bord. Mais le commandant perfuadé qu'on les avait
fait mourir & qu'ils difaient cela pour nous retenir jufqu'à
ce qu'on eût armé contre nous, ou qu'il furvînt des navires
de la Mecque pour nous capturer, leur enjoignit de fe retirer & de ne plus fe préfenter à bord fans fes hommes ou
fans lettre d'eux; qu'autrement, il les recevrait à coups
de bombardes; qu'enfin, s'ils ne revenaient au plus tôt avec
un meffage, il comptait bien faire couper la tête à fes prifonniers. Après cet incident, la brife fe leva, & nous filâmes
en prolongeant la côte; puis, au coucher du foleil, nous
jetâmes l'ancre de rechef.

Comment le roi fit appeler Diégo Dias & lui dit ce qui fuit:

Quand la nouvelle de notre départ pour le Portugal parvint au roi, comme il n'y avait plus moyen de pourfuivre
l'objet qu'il avait en vue, il fongea à raccommoder ce qu'il
avait gâté précédemment. Il manda donc Diégo Dias, &
lorfque celui-ci parut en fa préfence, il lui fit grand accueil,
ce qui n'avait pas eu lieu précédemment quand il avait
apporté le préfent; puis, il lui demanda pourquoi le commandant s'était faifi des hommes dont on a parlé? Diégo Dias
répondit que c'était parce que lui-même mettait obftacle

au retour de fes compagnons à bord & les retenait en ville prifonniers ; à quoi le roi repartit qu'il avait bien fait. Puis il reprit & demanda fi le faĉteur avait montré quelque exigence, voulant donner à entendre qu'il ne favait mot de ce que cet homme avait fait, '& que fa conduite avait eu pour objet de leur extorquer quelque chofe. « Ignore-t-il donc, dit-il, en s'animant contre lui, qu'il y a peu de temps j'ai fait mourir un autre faĉteur pour avoir commis une exaĉtion fur des marchands venus en ce pays ? Pour toi, ajouta le roi, retourne aux navires avec ceux de tes compagnons qui font ici, et dis au commandant de me renvoyer les hommes qu'il retient captifs ; quant à la colonne qu'il m'a témoigné le défir d'élever à terre, ceux qui te conduiront la rapporteront & la mettront en place ; dis-lui de plus que tu demeureras ici avec la marchandife. » En même temps il envoya une lettre au commandant pour la remettre au roi de Portugal, & elle était écrite de la main de Diégo Dias fur une feuille de palmier, car on emploie ces feuilles pour tout ce qui s'écrit en ce pays ; quant à la plume dont on fe fert, elle eft de fer. Or, la teneur de cette lettre était comme il fuit :

« Vafco da Gama, gentilhomme de votre maifon, eft venu en mon royaume, ce qui m'a été agréable. En mon royaume il y a force cannelle , force girofle , gingembre, poivre, & pierres précieufes en quantité ; ce que je défire du tien, c'eft de l'or, de l'argent, du corail & de l'écarlate. »

Le lundi, 27 dudit mois, dans la matinée, comme nous étions en panne, nous vîmes venir fept barques montées par un grand nombre de gens qui nous amenaient Diégo Dias ainfi qu'un autre dont il était accompagné ; & n'ofant pas les mettre à bord, ils les déposèrent dans l'embarcation du commandant qui fe trouvait encore en poupe ; quant à la marchandife, ils ne l'avaient pas apportée, penfant que le fufdit Diégo Dias reviendrait à terre. Mais, quand le commandant les vit fur le vaiffeau, il ne voulut pas permettre qu'ils y retournaffent & donna la colonne aux gens de la barque pour la mettre en place, comme le roi l'avait commandé ; puis, en échange des nôtres, il rendit fix prifonniers, les plus qualifiés qu'il avait, & en garda autant, difant que le lendemain on apportât la marchandife, & qu'alors il donnerait ceux qui étaient reftés.

Le mercredi matin, comme nous étions en panne, un Maure de Tunis qui entendait notre langue vint fe réfugier à bord parmi nous ; il difait qu'on l'avait dépouillé de tout ce qu'il poffédait, & qu'il craignait qu'on ne lui fît pis encore ; que telle était fon appréhenfion ; que les gens du pays l'accufaient d'être chrétien & d'être venu à Calicut comme mandataire du roi de Portugal, en forte qu'il aimait mieux s'en aller avec nous que demeurer en un pays où, chaque jour, il s'attendait à être mis à mort. Sur les dix heures du matin, nous vîmes venir fept barques chargées de monde ; trois d'entre elles portaient, fur les bancs des rameurs, les pièces de drap rayé que nous avions laiffées à terre, pour nous donner à entendre que toute la marchandife arrivait. Ces trois barques approchèrent des navires, tandis que les quatre autres demeuraient au large ; cependant, tout en approchant, elles fe tinrent à bonne diftance ; ceux qui les montaient nous dirent de faire defcendre les prifonniers dans notre barque, qu'ils y transborderaient la marchandife & prendraient leurs hommes. Et le commandant en chef s'étant avisé de leur tromperie, leur enjoignit de s'éloigner, en leur disant qu'il n'avait point souci de la marchandise, mais seulement d'emmener les prisonniers en Portugal ; qu'ils fissent bien attention qu'incessamment il comptait revenir à Calicut, & qu'ils sauraient alors si nous étions des larrons, comme les Maures le leur avaient dit.

Un mercredi, vingt-neuvième jour du mois d'août, considérant, qu'en somme, nous avions découvert ce que nous étions venus chercher, que nous avions trouvé des épices & des pierres précieuses, & qu'il fallait renoncer à quitter le pays en bonne intelligence avec les habitants, le commandant en chef, d'accord avec les capitaines, résolut de partir & d'emmener les prisonniers, attendu qu'à leur retour à Calicut ces hommes nous aideraient à former des relations d'amitié ; nous mîmes donc incontinent à la voile & prîmes la route de Portugal, tous extrêmement joyeux d'avoir eu la fortune d'effectuer une aussi grande découverte que celle que nous avions faite. Le jeudi, à l'heure de midi, nous trouvant en calme, à peu près à une lieue au-dessous de Calicut, nous vîmes venir à nous environ soixante-dix barques chargées d'une multitude de gens infinie. Ces gens portaient, sur la poitrine, une armure défensive faite d'un gros drap rouge, comme un très-fort plastron ; ce sont leurs armes pour le corps, les mains & la tête... (1). Lorsqu'ils

_____

(1) *L'auteur de ce livre a oublié de nous apprendre comment ces armes font faites.* Note intercalée dans le manuscrit & de la même écriture.

furent arrivés à portée de notre artillerie, la nef du commandant en chef tira fur eux, & ainfi firent les autres. Ils
nous fuivirent de la forte durant une heure & demie environ ; mais tandis qu'ils nous pourfuivaient, furvint un grain
qui nous emporta au large ; fe voyant alors réduits à l'im-
puiffance, ils retournèrent du côté de la terre, & nous
continuâmes notre chemin.

Cette contrée de Calicut, appelée l'Inde fupérieure, eft
celle d'où viennent les épices qui fe confomment au couchant, au levant, ainfi qu'en Portugal & même dans tous
les quartiers du monde ; c'eft également de la ville appelée
Calicut que l'on tire maintes pierres précieufes de toute
forte. La même cité produit fur fon propre territoire les
épices fuivantes : quantité de gingembre, de poivre & de
cannelle, bien qu'elle ne foit pas auffi fine que celle qu'on
tire d'une île appelée *Çillam* (Ceylan), diftante de huit
journées de Calicut. Toute cette cannelle vient s'entre-
pofer dans cette cité de Calicut, & dans une île nommée
Melequa (Malacca) qui lui fournit le clou de girofle. C'eft
là que les navires de la Mecque prennent leur chargement
d'épices pour le tranfporter à une ville des Etats de la
Mecque qui a nom *Judeá* (Djedda). Depuis cette île jufque
là, on compte cinquante jours de mer avec vent de poupe,
car les vaiffeaux de ce pays font mauvais bouliniers. Là,
ils déchargent leur marchandife & paient au grand Soudan
fes droits ; puis ils l'embarquent de rechef fur de plus petits
bâtiments qui la tranfportent, par la mer Rouge, en un
lieu nommé *Tuuʒ* (Suez) (xl), proche de Santa-Caterina du
Mont Sinaï, où ils paient un nouveau droit. En cet endroit,
les marchands chargent les épices fur des chameaux de

louage, à raifon de quatre cruzades par tête, &, en dix
jours, les conduifent au Caire où ils ont à payer encore un
droit. Il leur arrive maintes fois, fur cette route du Caire,
d'être détrouffés par les voleurs que l'on rencontre en ce
pays, tels que les *Alarves* (Arabes) & d'autres encore. Là,
ils recommencent à embarquer leur marchandife fur un
fleuve appelé le Nil qui vient des Etats du Prêtre Jean, dans
les Indes inférieures ; ils naviguent fur ce fleuve durant
deux jours, jufqu'à ce qu'ils atteignent un endroit appelé
Rofette, où ils paient un autre droit. Enfin, on charge encore
une fois la cargaifon fur des chameaux qui la portent, en
un jour, à une cité du nom d'Alexandrie, laquelle eft port
de mer. C'eft en cette cité d'Alexandrie que les galères
de Venife & de Gênes viennent chercher les épices dont
il fe trouve que le grand Soudan tire fix cent mille cruzades
de droits ; il en donne annuellement cent mille à un roi
nommé Cidadym pour faire la guerre au Prêtre Jean ; quant
à ce titre de grand Soudan, il s'achète à prix d'argent & ne
fe tranfmet pas de père en fils.

Je reviens à parler de notre retour.

Naviguant ainfi le long de la côte, à caufe de la faibleffe
du vent, avec des brifes de terre qui alternaient avec des
brifes de mer, nous jetions l'ancre durant le jour par le
calme. Or, un lundi, dix du mois de feptembre, comme
nous longions ainfi la côte, le commandant en chef envoya
au roi Camolim, par un des hommes que nous avions
emmené & qui était privé d'un œil, des lettres écrites en

maurefque & de la main d'un Maure qui s'en venait avec nous. Le pays où nous débarquâmes le porteur de ces lettres fe nomme Compia, & le roi Biaquolle; il eft en guerre avec celui de Calicut. Et le jour fuivant, comme nous étions en calme, vinrent à nous des barques qui nous apportaient du poiffon, & les bateliers montèrent fans aucune appréhenfion fur nos vaiffeaux. Le famedi d'après, quinzième jour dudit mois, nous nous trouvâmes près de certains îlots fitués à deux lieues de terre environ; ayant mis là une embarcation à la mer, nous élevâmes fur ledit îlot une colonne que nous appelâmes du nom de Santa-Maria (XLI); & ceci, parce que le roi avait dit au commandant d'élever trois colonnes & de donner, à l'une, le nom de San-Raphaël; à l'autre, celui de San-Gabriel, & à la troifième, celui de Santa-Maria. Avec celle-ci nous achevâmes de les mettre en place toutes les trois, favoir : la première ou de San-Raphaël, au rio dos Bons Signaes; la feconde ou de San-Gabriel, à Calicut; & enfin cette dernière qui était celle de Santa-Maria. Ici nous vinrent encore nombre de barques apportant à bord du poiffon; & le commandant fit donner des chemifes aux gens qui les montaient, les accueillit très-bien, & leur demanda s'ils feraient fatisfaits de lui voir élever une colonne fur cet îlot. Ils répondirent qu'ils s'en réjouiraient fort, & que fi nous le faifions, on pourrait dire alors que nous étions chrétiens comme eux; en forte que cette colonne y fut placée du meilleur accord.

La nuit fuivante, nous fîmes voile avec la brife de terre & pourfuivîmes notre navigation. Or, le jeudi d'après, dix-neuvième jour dudit mois, nous nous trouvâmes près d'une haute terre, fort plaifante & falubre, à laquelle fe rattachaient fix petites iles ; là, nous mouillâmes tout près de la côte & mîmes une embarcation dehors, afin de nous approviſionner d'eau & de bois en quantité ſuffiſante pour la traverſée que nous eſpérions effectuer, ſi les vents ſecondaient nos déſirs. Et quand nous fûmes à terre, nous rencontrâmes un jeune homme qui nous vint montrer, au bord d'une rivière, une ſource d'excellente eau naiſſant entre deux rochers. Le commandant en chef fit préſent d'un bonnet à ce garçon & s'enquit de lui s'il était Maure ou chrétien ; il dit qu'il était chrétien, & lorſque nous lui apprîmes que nous l'étions nous-mêmes, il témoigna beaucoup de joie. Le lendemain, dans la matinée, vinrent à nous quatre hommes dans une almadie, & ils apportaient quantité de citrouilles & de concombres. Le commandant s'étant informé d'eux ſi le pays produiſait de la cannelle, ou du gingembre, ou quelque autre ſorte d'épices, ils dirent que pour de la cannelle il n'en manquait pas, mais qu'il n'y avait aucune autre ſorte d'épice. Pour lors, le commandant envoya deux hommes à terre avec eux afin qu'ils lui en rapportaſſent de la montre. On les conduiſit dans un bois où ſe trouvaient une infinité d'arbres de cette eſpèce, & ils en coupèrent deux groſſes branches chargées de leurs feuilles; & quand nous allâmes dans les embarcations faire de l'eau, nous rencontrâmes ces deux hommes avec les branches de cannellier qu'ils rapportaient, & ils avaient déjà une vingtaine d'individus à leur ſuite. Ceux-ci étaient munis de force poules, lait de vache, citrouilles pour le commandant; & ils lui dirent de renvoyer ces deux hommes avec eux parce qu'ils avaient, à quelque diſtance de là, quantité de cannelle ſèche qu'ils iraient voir & dont ils rapporteraient de la montre. Quand nous eûmes fait notre provifion d'eau, nous regagnâmes les navires ; pour eux, ils promirent de revenir à bord le jour fuivant & d'apporter un préfent de vaches, de porcs & de poules au commandant. Le lendemain, à la pointe du jour, nous vîmes, près de la côte, deux grandes barques qui pouvaient être à deux lieues de nous environ & dont nous ne tînmes aucun compte. Nous allâmes faire du bois à terre, en attendant que la marée nous vînt & nous permît d'entrer dans le fleuve pour prendre de l'eau. Et comme nous étions occupés à couper du bois, il fembla au commandant que ces barques étaient plus grandes qu'il ne l'avait d'abord jugé ; à l'inftant même il ordônna que tout le monde fe rembarquât & s'en fût prendre des aliments, puis, qu'auffi-tôt après avoir mangé, on allât fur les embarcations s'affurer fi ces gens étaient maures ou chrétiens. Et quand ledit commandant en chef fut fur fa nef, il fit monter un matelot dans la hune pour voir fi l'on apercevait quelques navires. Celui-ci découvrit, à fix lieues environ au large, huit bâti-ments qui étaient en calme, ce qui fit que le commandant ordonna fur-le-champ de virer à pic. Or, ces navires ayant fenti la brife, ferrèrent le vent d'auffi près qu'ils le purent ; & lorfqu'ils furent à notre hauteur, & que nous jugeâmes qu'ils pouvaient nous apercevoir, quoique nous en fuffions bien éloignés de deux lieues, nous tirâmes droit à eux. Dès qu'ils virent que nous leur courions fus, ils laissèrent arriver vent arrière du côté de la terre, & l'un d'eux ayant brifé fon gouvernail avant d'avoir atteint la côte, ceux qui étaient dedans fe jetèrent dans l'embarcation qu'ils avaient en poupe & gagnèrent le rivage. Pour nous qui ferrions de plus près ce bâtiment, nous l'abordâmes incontinent ; mais nous n'y trouvâmes que des provifions de bouche & des armes ; les vivres confiflaient en cocos & en quatre jarres de fucre de palmier ; tout le refte n'était que fable fervant de left. Les fept autres navires furent s'échouer, & nous allâmes les bombarder fur les embarcations.

Le lendemain matin, étant à l'ancre, vinrent à nous fept hommes fur une barque ; ils nous apprirent que lesdits navires venaient de Calicut, & qu'ils étaient en quête de nous pour nous tuer tous s'ils nous prenaient. Le jour fui-vant, après avoir quitté ce parage, nous fûmes mouiller à deux portées de bombarde du lieu où nous étions d'abord, près d'une île que l'on nous 'avait dit pourvue d'eau (xLII). Le commandant en chef envoya donc Nicolas Coelho fur une embarcation armée reconnaître l'aiguade, & celui-ci trouva, dans ladite île, les ruines d'une églife bâtie en pierres de taille de grande dimenfion, mais détruite par les Maures, d'après le dire des gens du pays, hormis la chapelle qui était couverte en paille ; & ils faifaient leurs oraifons devant trois pierres noires placées au centre de cette chapelle. Nous trouvâmes, en outre, au-delà de cette églife, un baffin en pierres de taille & de même travail où nous prîmes autant d'eau que nous voulûmes ; & tout au haut de l'île, il y avait un vafte réfervoir de quatre braffes de profondeur. Enfin, vis-à-vis l'églife, nous rencontrâmes une plage où nous calfatâmes le *Berrio* & la nef du com-mandant en chef ; quant au *Raphaël*, il ne fut pas halé à terre par fuite des contrariétés relatées ci-dessous.

Un jour où nous nous trouvions fur le *Berrio* qui était échoué, nous vîmes venir à nous deux grandes barques en manière de fuftes, portant une multitude de gens innom-

brable ; elles marchaient à la rame, au son des tambours
& des trompettes, avec des étendards au haut des mâts,
tandis que cinq autres stationnaient le long de la côte pour
les protéger. Avant qu'elles eussent atteint les navires, nous
demandâmes à ceux que nous emmenions quels étaient ces
gens & à quelle nation ils appartenaient. Ils nous dirent
de ne point les laisser monter à bord, que c'étaient larrons
venus pour nous surprendre s'il y avait moyen ; que les
hommes de ce pays, qui vont armés, s'introduisaient avec
les apparences de l'amitié sur les navires &, une fois dedans, s'en emparaient s'ils se trouvaient en force. C'est
pourquoi, lorsqu'ils furent à portée de bombarde, le
Raphaël tira sur eux, ainsi que la nef du commandant en
chef. Pour lors ils se mirent à crier « *Tambaram* », en disant
qu'ils étaient chrétiens, car les chrétiens de ce pays des
Indes appellent Dieu *Tambaram ;* mais quand ils virent qu'on
ne se payait pas de cette raison, ils commencèrent à fuir du
côté de la terre. Nicolas Coelho les poursuivit sur une
embarcation durant quelque temps, jusqu'à ce que le navire
du commandant en chef lui eût fait le signal de rallier.

Le jour suivant, comme les capitaines étaient à terre
avec beaucoup de monde, occupés à approprier ledit
navire *Berrio*, vinrent deux petites barques, montées par
une douzaine d'hommes proprement vêtus, qui apportaient
en présent au commandant en chef une brassée de cannes
à sucre. Et lorsqu'ils furent à terre, ils lui demandèrent la
licence d'aller visiter les navires ; mais, jugeant qu'ils venaient en espions, le commandant se mit à s'emporter contre
eux. Sur ces entrefaites, arrivèrent deux autres barques avec
autant de monde. Or, les premiers venus, voyant que le

commandant ne leur faifait pas bon accueil, dirent aux furvenants de ne point prendre terre & de s'en retourner. Eux-mêmes fe rembarquèrent incontinent & s'en furent à leur fuite.

Pendant que l'on appropriait la nef du commandant en chef, furvint un homme d'une quarantaine d'années qui parlait le vénitien à merveille (XLIII); il était entièrement vêtu de toile de lin, & coiffé d'un fort beau turban, avec un coutelas à la ceinture. Auffitôt qu'il eut débarqué, il vint embraffer le commandant en chef ainfi que les capitaines, & fe mit à raconter comment il était chrétien, originaire des contrées du levant & venu tout petit en ce pays ; comment il demeurait avec un feigneur qui commandait à quarante mille cavaliers & qui était un maure ; comment il était maure lui-même, mais tout-à-fait chrétien au fond du cœur ; que fe trouvant au logis de ce feigneur, on était venu lui apprendre qu'il y avait à Calicut des gens que perfonne n'entendait & qui allaient entièrement vêtus ; qu'ayant ouï ce récit, il s'était dit que de tels gens ne pouvaient être que des Francs, car c'eft ainfi qu'on nous appelle en ces contrées; qu'alors, il avait demandé la permiffion de venir nous trouver, en difant qu'un refus le ferait mourir de chagrin ; que pour lors fon feigneur & maître lui avait dit d'aller, & de nous faire favoir que s'il y avait en fes domaines quelque chofe à notre convenance, il nous en faifait don, & nous offrait des navires & des vivres ; que de plus, fi nous voulions demeurer fur fes terres, il en aurait grande fatisfaction. Le commandant l'ayant beaucoup remercié de tout cela, car il paraiffait de bonne foi, il ajouta qu'il demandait comme une faveur qu'on lui fît don d'un fromage

pour l'envoyer à un fien compagnon demeuré dans le pays,
à qui il avait promis, fi tout allait à fouhait, de faire tenir un
gage pour le tranquillifer. Pour lors le commandant lui fit
donner un fromage avec deux pains mollets, & il refta à
terre, parlant tellement & de tant de chofes que par moment il s'embrouillait. Cependant Paul da Gama s'en fut
trouver les chrétiens du pays qui l'avaient amené, & leur
demanda quel était cet homme ; ils dirent que c'était l'armateur venu pour nous attaquer, & qu'il tenait fes navires
à la côte avec beaucoup de monde. Ceci connu, avec ce
que l'on put comprendre encore, on le faifit, on l'emmena
fur le bâtiment échoué, & on fe mit à le fuftiger pour lui
faire confeffer s'il était réellement l'armateur qui nous avait
fuivis, & à quelle intention. Il nous avoua qu'il favait bien
que tout le pays nous était hoftile, & que nous étions envi-
ronnés d'un grand nombre d'hommes armés, embufqués
dans les anfes voifines ; mais qu'ils n'ofaient venir nous attaquer, attendant quarante voiles que l'on était en train d'armer pour nous donner la chaffe ; qu'il ignorait, néanmoins,
quand elles fe mettraient en mouvement. Sur lui-même,
il n'ajouta rien de plus que ce qu'il avait dit en premier
lieu. Il fut interrogé encore à trois ou quatre reprifes ; bien
qu'il ne s'exprimât pas très clairement, il fe faifait entendre par geftes, confeffant qu'il était venu vifiter les navires
pour s'affurer de nos forces & favoir comment nous étions
armés.

Nous demeurâmes douze jours en cette île où nous mangeâmes force poiffons que les gens du pays nous venaient
vendre, avec force citrouilles & concombres ; ils amenaient
auffi des barques chargées de bois vert de cannellier dont

les branches portaient encore leurs feuilles. Et quand les navires furent nettoyés, que nous eûmes pris l'eau nécessaire & démoli le bâtiment que nous avions capturé, nous partîmes, un vendredi, cinquième jour du mois d'octobre.

Avant que le bâtiment ne fût démoli, on en offrit au commandant mille *fanones* (1) ; mais il dit qu'il ne le vendrait point, parce qu'il venait de ses ennemis, & se contenterait de le brûler.

Nous nous trouvions à deux cents lieues au large, environ, du point d'où nous étions partis, quand le Maure dont on s'était saisi dit que le temps lui paraissait venu de ne plus rien dissimuler : qu'il était vrai que se trouvant chez son seigneur, on était venu l'avertir que nous étions égarés le long de la côte, sans pouvoir retrouver la route de notre pays, & que, par suite, nombre de flottilles croisaient pour tâcher de nous capturer ; que son seigneur lui avait dit alors de s'assurer de la façon dont nous nous gouvernions, & d'aller voir s'il pourrait nous attirer sur ses terres, car on disait que si nous étions pris par l'armateur, il n'en re-

_____

(1) On verra plus loin (p. 107 de l'éd. portug.) que cinquante *fanones* faisaient trois cruzades ou mille deux cents réis ; ainsi, les mille *fanones* offerts pour le navire équivalaient à vingt-quatre mille réis ou mille trois cent cinquante-huit francs de notre monnaie. Cette somme paraîtrait bien peu considérable, si l'on ne tenait compte de la dépréciation que le numéraire a subie depuis le temps de Gama ; on peut s'en former une idée en comparant le prix du blé qui, en 1513, peu d'années après l'expédition des Indes, valait six cents réis à Lisbonne, tandis que la même mesure se paie quarante-deux mille réis, c'est-à-dire soixante-dix fois plus, aujourd'hui. (*Tr.*)

cevrait aucune part, tandis que, une fois débarqués, il
s'emparerait de nous, & qu'étant de vaillants hommes, il
nous emploierait à guerroyer contre les autres rois du voi-
sinage : il avait compté sans son hôte.

Cette traversée dura si longtemps que nous y consumâ-
mes trois mois moins trois jours à cause des calmes fré-
quents & des vents contraires que nous rencontrâmes. Il
en résulta que tous les équipages souffrirent des gencives ;
elles croissaient par dessus les dents, au point qu'il n'était
plus possible de manger ; les jambes enflaient aussi, &
d'autres enflures considérables se manifestaient sur le corps
où elles se développaient tellement que le patient succom-
bait sans être atteint d'aucun autre mal. Trente personnes
en moururent dans cet espace de temps, sans compter un
nombre égal que nous avions déjà perdu. Ceux qui tra-
vaillaient à la manœuvre étaient réduits à sept ou huit individus sur chaque vaisseau, encore n'étaient-ils pas tous
valides comme ils auraient pu l'être ; aussi, je vous affirme
que si cette situation se fût prolongée au delà de quinze
jours, nous demeurions à la merci des flots, n'ayant plus
personne à bord pour gouverner. Nous en étions arrivés
au point que tout était déjà désordonné ; &, dans notre
affliction, nous faisions maintes promesses aux saints &
maintes quêtes sur les navires. Déjà les capitaines avaient
pris la résolution de regagner la terre de l'Inde, d'où nous
étions partis, si nous étions favorisés par un vent qui nous
y poussât. Mais, Dieu daigna, dans sa miséricorde, nous
accorder une brise tellement propice que, dans l'espace
de six jours, elle nous conduisit en vue de terre, ce dont
nous nous réjouîmes autant que si cette terre eût été le

Portugal. Nous avions, en effet, l'efpoir d'y trouver notre
guérifon, avec l'affiſtance divine, comme nous l'avions
déjà trouvée une fois; & ce fut un mercredi, deuxième
jour de février de l'an 1499. Comme nous étions près de
la côte & qu'il faifait nuit, nous virâmes de bord & mîmes
en panne; &, quand vint le matin, nous allâmes reconnaître la terre, afin de favoir en quel lieu le Seigneur nous
avait conduits, car il n'y avait plus à bord ni pilote, ni
perfonne qui fût en état de juger fur une carte le parage
où nous nous trouvions. Quelques-uns affuraient, il eſt
vrai, que nous ne pouvions être ailleurs qu'entre certaines
îles fituées par le travers de Mozambique, à trois cents
lieues de terre environ; & ceci, parce qu'un Maure que
nous avions pris à Mozambique difait que ces îles étaient
très-infalubres, & que les habitants y fouffraient eux-
mêmes du mal dont nous étions atteints. Or, nous nous
trouvâmes en face d'une grande cité dont les maifons
avaient plufieurs étages; le centre était occupé par de vaſtes
palais, & il y avait quatre tours à la circonférence; cette
ville, bâtie tout contre la mer, appartient aux Maures & fe
nomme Mogadoxo. Nous étant avancés fuffifamment pour
en être tout proches, nous lâchâmes force coups de bombarde & pourfuivîmes notre route en rangeant la côte,
avec bon vent en poupe, marchant de jour & nous arrêtant de nuit, car nous ne favions pas à quelle diſtance nous
pouvions être de Mélinde où nous nous propofions d'aller.
Et le famedi, cinquième jour dudit mois, comme nous
étions en calme, furvint inopinément un grain qui rompit
les itagues du *Raphaël*. Pendant que nous étions occupés à
réparer ledit navire, un armateur fortit d'un bourg nommé

Pate & vint fur nous avec huit barques chargées de monde ;
mais étant arrivées à portée de notre artillerie, nous tirâmes,
& elles s'enfuirent incontinent vers la terre : on ne les pour-
fuivit pas attendu que le vent manquait.

Le lundi, neuvième jour dudit mois, nous fûmes mouiller
devant Mélinde, & le roi nous dépêcha fur-le-champ une
longue embarcation qui portait beaucoup de monde ; il
envoyait des moutons & mandait au commandant qu'il
était le bienvenu, qu'il l'attendait depuis quelque temps
déjà, ajoutant maintes autres paroles de paix & d'amitié.
Le commandant expédia un homme à terre, en compagnie
des envoyés, pour en rapporter le lendemain des oranges
que nos malades défiraient ardemment, comme de fait il
en rapporta avec bon nombre d'autres fruits ; mais les
malades n'en profitèrent guère, car la terre les éprouva de
telle façon que plufieurs trouvèrent ici leur fin. Nombre de
Maures venaient auffi à bord, par ordre du roi, & apportaient à vendre des poules & des œufs en quantité. Le
commandant voyant tous les égards que ce prince nous
témoignait dans un moment où nous en avions fi grand
befoin, lui envoya un préfent, & le fit prier par un des nôtres
(celui qui favait parler arabe) de lui donner une trompe
d'ivoire pour l'offrir au roi fon maître, et de faire élever à
terre une colonne qui y demeurerait en témoignage d'amitié.
Le roi répondit qu'il ferait de grand cœur tout ce qu'il
demandait, par amour pour le roi de Portugal dont il
voulait être & demeurerait toujours le ferviteur ; &, en effet,
il envoya fur l'heure la trompe au commandant & fit
mettre en place la colonne. Il nous donna auffi, pour partir
avec nous, un jeune Maure qui avait le défir de vifiter le

I I

Portugal ; le roi le fit recommander particulièrement au commandant, en lui mandant qu'il lui envoyait ce jeune homme pour que le roi de Portugal fût combien il défirait fon amitié.

Nous paffâmes là cinq jours à nous divertir & à nous repofer des fatigues endurées pendant une traverfée où nous avions tous vu la mort de près. Et un vendredi, dans la matinée, nous partîmes, & le famedi, douzième jour dudit mois, nous paffâmes près de Mombaza. Le dimanche, nous fûmes mouiller fur les bas-fonds de San-Raphaël où nous mîmes le feu au navire de ce nom, car la manœuvre de trois vaiffeaux devenait impoffible avec le peu de monde que nous étions. Là, nous transbordâmes tout ce que renfermait le bâtiment fur les deux autres qui nous reftaient. Nous demeurâmes cinq jours en cet endroit où l'on nous apportait, d'une bourgade fife en face de nous et nommée Tamugata, force poules à vendre ou à échanger contre des chemifes & des bracelets. Or, un dimanche, vingt-feptième jour dudit mois, nous quittâmes ce parage avec un très bon vent de poupe, &, dans la nuit qui fuivit, nous mîmes en panne. Au matin, nous étions près d'une île fort étendue, appelée *Jamjiber* (Zanzibar) ; elle eft peuplée d'un grand nombre de Maures & peut bien être à dix lieues de la terre ferme. Et le foir du premier février, nous jetâmes l'ancre devant les îles de Saint-Georges en Mozambique ; &, dans la matinée du jour fuivant, nous allâmes dreffer une colonne fur l'île où nous avions ouï la meffe à notre premier paffage. La pluie tombait fi fort que nous ne pûmes parvenir à allumer du feu pour faire fondre le plomb néceffaire au fcellement de la Croix, en forte que le monument en demeura privé. Nous retournâmes enſuite aux navires & partîmes incontinent.

Le troiſième jour du mois de mars, nous atteignîmes la baie de San-Bras où nous prîmes quantité d'*achoa* (1), ainſi que des loups marins & des pingouins dont nous fîmes des ſalaiſons pour la traverſée, &, le douze dudit mois, nous mîmes à la voile. Comme nous étions à dix ou douze lieues de l'aiguade, il venta ſi fort du ponent que nous fûmes contraints de retourner au mouillage dans la ſuſdite baie ; le calme rétabli, nous ſortîmes de rechef, & Notre-Seigneur nous accorda un vent ſi favorable que, le vingtième jour dudit mois, nous doublâmes le cap de Bonne-Eſpérance. Ceux d'entre nous qui étaient parvenus juſque-là ſe trouvaient ſains et diſpos, bien que parfois à demi morts de froid, à cauſe des fortes briſes qui nous accueillirent en ce parage, ce que nous attribuâmes moins à l'intenſité du froid qu'à notre arrivée d'un pays chaud. Nous pourſuivîmes notre route avec un grand déſir d'en voir la fin, & navigâmes avec un vent de poupe qui nous dura bien vingt-ſept jours &qui nous conduiſit tout près de l'île de San-tiago ; le plus loin que nous pouvions en être, d'après les cartes marines, devait être cent lieues, & quelques-uns faiſaient déjà leur compte d'y arriver ; mais ici le vent tomba, & le peu qui ſoufflait n'était qu'une fraîcheur de l'avant. Or, ſachant où nous étions, grâce à quelques orages qui nous venaient de terre, nous ſerrions le vent autant qu'il nous était poſſible, & un jeudi, vingt-cinquième jour du

(1) Peut-être *enxova* (anchois).

mois d'avril, nous trouvâmes fond par trente-cinq brasses,
&, tout le jour, nous suivîmes cette route ; le moindre fond
était de vingt brasses, sans que nous eussions connaissance
de la terre, & les pilotes disaient que nous étions sur les bas
fonds du Rio Grande.

*Les noms inscrits ci-dessous sont ceux de certains royaumes situés
sur la côte sud de Calicut, ainsi que les productions de chacun d'eux & leur valeur : toutes choses que j'ai apprises de la
manière la plus certaine d'une personne sachant notre langue,
qui était venue, trente ans auparavant, d'Alexandrie en ces
quartiers.*

Premièrement, *Calicut* où nous sommes allés : là se ren-
dent toutes les marchandises énumérées ci-dessous ; c'est
aussi dans cette cité que les vaisseaux de la Mecque prennent leur chargement. Le roi, que l'on nomme Camolim,
peut rassembler cent mille hommes de guerre, avec les
contingents qu'il reçoit, sa propre juridiction s'étendant
sur un très-petit nombre.

Voici les marchandises qu'apportent les navires de la
Mecque, & leur valeur dans toute cette partie de l'Inde.

Du cuivre ; la *frazala*, qui fait presque trente livres, vaut
cinquante *fanones* ou trois cruzades (1).

(1) Cette indication nous donne la valeur des mille *fanones* dont
il est question à la page 78. (*Tr.*)

De la pierre de Baqua, qui vaut fon pefant d'argent.

Des couteaux, à un fanon la pièce. ·

De l'eau de rofe, valant cinquante fanones la frazala.

De l'alun, à cinquante fanones la frazala.

Du camelot, valant fept cruzades la pièce.

Du drap écarlate ; le *pequy*, correfpondant à trois palmes, vaut deux cruzades. –

Du vif argent, valant dix cruzades la frazala.

Autre Royaume.

Quorongoliʒ (XLIV) eft pays chrétien & le roi eft chrétien ; la diftance, depuis Calicut, eft de trois jours de mer
par un bon vent. Le roi peut réunir quarante mille com-
battants. Le pays produit force poivre, valant neuf fanones
la frazala : à Calicut, il en vaut quatorze.

Autre Royaume.

Coleu (XLV), pays chrétien, eft à dix jours de mer de
Calicut par un bon vent. Le roi peut raffembler dix mille
hommes; cette contrée fournit beaucoup de toile de coton,
mais peu de poivre.

Autre Royaume.

Caell (XLVI), dont le roi eft maure & la population chrétienne, eft à dix jours de mer de Calicut. Le roi peut
réunir quarante mille hommes de guerre & cent éléphants
de combat ; il y a ici force perles.

Autre Royaume.

Chomandarla (XLVII) eft pays chrétien avec un roi chrétien; celui-ci peut réunir cent mille hommes. Il y a ici force gomme laque, à une cruzade les deux frazalas; on y fabrique aussi force toile de coton.

Autre Royaume.

Ceylan, qui eft une fort grande île, eft pays chrétien & le roi eft chrétien; on compte huit jours de mer depuis Calicut par un bon vent. Le roi peut réunir quatre mille hommes; il possède en outre nombre d'éléphants pour la guerre ainfi que pour la vente. C'eft ici que fe trouve toute la cannelle fine de l'Inde; il y a aufli quantité de faphirs fupérieurs à ceux des autres pays, & des rubis en petite quantité, mais ils ont du prix.

Camatarra (XLVIII) eft chrétien, à trente journées de Calicut par un bon vent. Le roi peut réunir quatre mille hommes de guerre et mille cavaliers, ainfi que trois cents éléphants de combat. La contrée produit beaucoup de foie écrue, valant huit cruzades la frazala; elle fournit aufli force gomme laque, au prix de dix cruzades le bachar, qui correfpond à vingt frazalas.

Xarnauz (XLIX) eft chrétien & le roi de même; la diftance de Calicut eft de cinquante journées par un bon vent. Le roi peut réunir vingt mille hommes de guerre & quatre mille cavaliers; il poffède aufli quatre cents éléphants de combat. Ce pays produit force benjoin, à trois cruzades la frazala ; on y récolte quantité d'aloës, valant vingt-cinq cruzades la frazala.

Tenacar (l.) eſt chrétien avec un roi chrétien ; on compte, de Calicut, quarante jours de mer par un bon vent. Le roi peut réunir dix mille hommes de guerre & il poſsède cinq cents éléphants de combat. En ce pays, il y a beaucoup de *brazyll* qui donne une auſſi belle teinture rouge que le kermès ; il vaut ici trois cruzades le bachar, &, au Caire, il en vaut ſoixante. Il y a auſſi de l'aloës, mais peu.

Bengala; en ce royaume il y a quantité de Maures & peu de chrétiens ; le roi eſt Maure ; il peut réunir vingt mille hommes de guerre & dix mille cavaliers. Le pays fournit maintes étoffes de coton & de soie, ainſi que beaucoup d'argent ; de Calicut, on compte quarante jours de navigation par un bon vent.

Autre Royaume.

Melequa eſt chrétien & le roi eſt chrétien ; la diſtance, depuis Calicut, eſt de quarante journées par un bon vent. Le roi peut réunir dix mille hommes de guerre, ſavoir : deux cents cavaliers & le reſte fantaſſins. D'ici provient excluſivement le clou de girofle ; il vaut, ſur place, neuf cruzades le bachar. Il y a beaucoup de porcelaine, beaucoup de ſoie, beaucoup d'étain dont on fabrique une monnaie ; mais cette monnaie eſt groſſe, & de ſi mince valeur, que trois frazalas ne valent pas plus d'une cruzade. On voit, en ce pays, quantité de gros perroquets dont le plumage eſt rouge comme du feu.

Pegúo eſt chrétien & le roi eſt chrétien : les habitants

font tous blancs comme nous autres. Le roi peut réunir vingt mille hommes de guerre , favoir : dix mille cavaliers & le refte fantaffins, ainfi que quatre cents éléphants de combat. Ce pays produit tout le mufc du monde. Le roi poffède une île diftante de la terre ferme d'environ quatre jours de navigation par un bon vent, & cette île eft peuplée de certains animaux, femblables à des biches, qui portent au nombril une manière de poche où ce mufc eft renfermé. Or, à certaines époques de l'année, ils fe frottent contre les arbres, & perdent leurs poches que les gens du pays viennent alors ramaffer : leur abondance eft telle que, pour une cruzade, on vous donne quatre de ces grandes poches, ou dix à douze petites, capables de remplir un grand coffre. Sur la terre ferme il y a quantité de rubis & quantité d'or, à tel point que, pour une cruzade, vous pouvez acheter autant d'or ici que l'on vous en donnerait pour vingt-cinq à Calicut. Il y a auffi force gomme laque, & du benjoin de deux efpèces, du blanc & du noir ; le blanc vaut trois cruzades la frazala, & le noir une & demie ; & l'argent qu'on vous donne ici pour dix cruzades en vaudrait quinze à Calicut. Ce pays eft à trente jours de Calicut par un bon vent.

Bemguala a un roi maure : la population eft mêlée de Maures & de chrétiens, & la diftance de Calicut eft de trente-cinq jours par un bon vent. Il peut y avoir ici vingt-quatre mille hommes de guerre , favoir : dix mille cavaliers & le refte fantaffins, outre quatre cents éléphants de combat. Les marchandifes du pays confiftent en force blé & quantité d'étoffes d'un grand prix ; en achetant ici pour dix cruzades de ces étoffes, on en trouvera quarante à Calicut ; il y a auffi beaucoup d'argent.

Conimata (L I) a un roi chrétien & la population est aussi chrétienne; la distance de Calicut est de cinquante journées par un bon vent. Le roi peut réunir cinq à six mille hommes de guerre, & il a mille éléphants de combat. Le pays produit force saphirs & force *brasyll*.

Pater est chrétien, avec un roi chrétien; en ce royaume il n'y a pas un Maure. Le roi peut réunir quatre mille hommes de guerre & il possède cent éléphants de combat. Le pays produit force rhubarbe, valant sur place neuf cruzades la frazala; il fournit aussi quantité de rubis balais & de laque, valant quatre cruzades le bachar; la distance de Calicut est de cinquante jours de navigation par un bon vent.

De la manière dont combattent les éléphants en ce pays.

On fait une maisonnette en bois, capable de contenir quatre hommes, & cette maisonnette s'adapte sur le dos de l'éléphant avec les susdits hommes dans l'intérieur; & l'animal porte cinq épées nues à chaque défense, en sorte que les deux défenses sont armées de dix épées; ils sont alors tellement redoutables que personne n'ose les affronter si la fuite est possible. Tout ce que commandent aux éléphants ceux qui vont sur leur dos est exécuté par eux aussi ponctuellement que par des créatures raisonnables; en sorte que s'ils leur disent : tue celui-ci, ou, fais ceci ou cela, ainsi font-ils.

De la manière dont on prend les éléphants sauvages dans les bois.

Quand on veut prendre un éléphant sauvage, on se sert

d'une femelle apprivoifée, & l'on creufe une très grande foffe dans les lieux fréquentés par l'éléphant ; & l'ouverture étant recouverte de bruyère, on dit à cette femelle : Va, & fi tu trouves un éléphant, attire-le contre cette foffe de manière qu'il y tombe ; mais toi, n'aies garde d'y tomber. — Pour lors elle s'en va & fait comme on lui a commandé, c'eft-à-dire que fi elle en trouve un, elle le conduit de telle façon qu'il tombe néceffairement dedans : or la foffe eft affez profonde pour qu'il lui foit impoffible d'en fortir de lui-même.

De la manière dont on s'y prend pour les tirer de la foffe
& les apprivoifer.

Une fois que l'éléphant eft au fond de la foffe, il fe paffe d'abord cinq à fix jours avant qu'on lui donne à manger. Ce temps écoulé, un homme lui apporte une très petite quantité de nourriture, & chaque jour il lui en donne davantage, jufqu'à ce qu'il vienne manger de lui-même. Ceci dure l'efpace d'un mois pendant lequel ceux qui lui apportent des aliments l'apprivoifent peu à peu & finiffent par defcendre dans la foffe, ce qu'ils répètent durant plufieurs jours, jufqu'à ce qu'ils puiffent mettre la main fur fes défenfes ; enfuite un homme defcend au fond & lui entoure les pieds de groffes chaînes. En cet état ils l'élèvent fi bien qu'il ne lui manque que la parole. On tient ces animaux dans des écuries, comme les chevaux ; un bon éléphant vaut deux mille cruzades.

Ceci eſt le prix auquel ſe vendent les épiceries à Alexandrie.

Premièrement, un quintal de cannelle vaut. . . 25 cruzades
Un quintal de clous de girofle . . . . . 20 »
Le quintal de poivre. . . . . 15 »
Le quintal de gingembre. . . . . 11 »
Et à Calicut, un bachar qui correſpond à cinq
quintaux vaut vingt cruzades.
Le quintal de noix muſcades vaut . . . . 16 »
Le quintal de laque vaut . . . . 25 »
Le quintal de braſil vaut . . . . 10 »
La livre de rhubarbe vaut. . . . . . . 12 »
Le mitḳal de muſc vaut. . . . . 1 »
La livre de bois d'aloës vaut . . . . . . 2 »
La livre de benjoin vaut . . . . 1 »
Le quintal d'encens vaut. . . . . . . 2 »
& à la Mecque, d'où on le tire, il vaut deux cruzades le bachar.

Ceci eſt le langage de Calicut.

Pour : regarde, *nocane.*
Entends-tu, *que que ne.*
Ote-lui, *criane.*
Tirer, *balichene.*
Corde, *coraoo.*
Elargis, *lacany.*
Donne-moi, *cornda.*
Boire, *carichany.*
Mange, *tinane.*
Prends, *y na.*
Je ne veux, *totenda.*
Marcher, *mareçane.*
Va-t'en, *poo.*
Viens ici, *baa.*

Tais-toi, *pote.*
Lève-toi, *legany.*
Jeter, *carecane.*
Parler, *para ne.*
Fou, *moto.*
Sage, *monday decany.*
Manchot, *mura call.*
Tomber, *biamçe.*
Beaucoup, *balidu.*
Main, *betall.*
Vent, *clarle.*
Peu, *chiredu.*
Donne-lui, *criane.*
Bâton, *mara.*

Pierre, *calou.*
Dents, *faley.*
Lèvres, *çire.*
Nez, *muco.*
Yeux, *cana.*
Front, *necheim.*
Cheveux, *talanay.*
Tête, *tabu.*
Oreilles, *cadee.*
Langue, *naoo.*
Cou, *caeftez.*
—, *mulay.*
Mammelles, *nane.*
Bras, *carit.*
Eftomac, *barri.*
Jambes, *cali.*
— *canay.*
— *seyrim.*
— *cudo.*
Mains, *lamguajem.*
Doigts, *beda.*
— *cula.*
Poiffon, *miny.*
Mât, *mana.*
Feu, *tiir.*
Dormir, *teraquy.*
Homme, *amoo.*
Femme, *pena.*
Barbe, *tari.*
Homard, *xame.*
Perroquet, *tata.*
Pigeons, *cayninaa.*
— *baly.*
Baifer, *mucane.*
Mordre. *canchany.*

Regarder, *noquany.*
Entendre, *çegade.*
Battre, *catane.*
Bleffure, *morubo.*
Epée, *batany.*
Targe, *cutany.*
Arc, *cayny.*
Flèche, *ambum.*
Lance, *concudoo.*
Tirer de l'arc, *heany.*
Soleil, *nerara.*
Lune, *neelan.*
Ciel, *mana.*
Terre, *caraa,*
Mer, *caralu.*
Vaiffeau, *capell.*
Barque, *cambuco.*
Nuit, *erabut.*
Jour, *pagalala.*
Manger, *tinane.*
— *matara.*
S'affeoir, *arricany.*
Se tenir debout, *anicany.*
Aller, *narecane.*
Embraffer, *traigany.*
Horions, *talancy.*
Pleurer, *que ne.*
Lever, *alagany.*
Danfer, *canechane.*
Frapper à coups de pierre ou de baton, *ouriany.*
Chanter, *fareny.*
Pluie, *ma jaa.*
Eau, *tany.*
Aveugle, *curuge.*

Mutilé d'une main, *muraquay*.
— *panany*.
Prends, *ennay*.
Allons-nous-en, *pomga*.
L'eft, *careçache*.
L'oueft, *mecache*.
Le nord, *barcangache*.
Le fud, *tycamgarche*.
Chien, *naa*.
Chienne, *pena*.
Garçon, *hum nee*.
Enfant, *co poo*.
Maifon, *pura*.

Aiguille, *cu doo*.
Vergue, *parima*.
Rame, *tandii*.
Bombardes, *ve dii*.
Hune, *talii*.
Driffe, *anguaa*.
Ancre, *napara*.
Bannière et étendart, *çoti*.
Gouvernail, *xoca*.
Pilote, *cu pajaoo*.
Chauffes, *cacu paja*.
Bonnet, *tupy*.

Voici quels font leurs noms.

Tenae. — Pumi. — Paramganda. — Uja pee. — Quilaba. — Gouaa. — Aja paa. — A rreco. — A xirama. — Cucrapa. — Cutotopa. — Anapa. — Canapa. — Gande. — Rremaa. — Mamgala.

NOTES

I.

QUELQUES perſonnes ont attribué à Améric Veſpuce la relation du voyage de Vaſco da Gama inſérée dans la *Collection de Ramuſio* (t. 1, p. 137); nous citerons, entr'autres, Sebaſtião Franciſco de Mendo Trigoſo, dans l'Introduction aux deux cartes d'Améric Veſpuce qui forme le n° 4 de la *Collection des Notices pour ſervir à l'Hiſtoire des Nations d'Outre-mer*, publiée par l'Académie des Sciences de Lisbonne, & Antonio Ribeiro dos Santos, dans ſon Mémoire ſur l'antériorité de la navigation portugaiſe au quinzième ſiècle (*Mém. de Littérature de l'Académie*, t. VIII, p. 348); nous préſumons que cette opinion leur a été ſuggérée par Bandini, le premier qui ait attribué la relation dont il s'agit à la plume d'Améric Veſpuce (*Vita e Lettere d'Americo Veſpuccio*, 1745).

Il ne nous a pas été poſſible de conſulter l'ouvrage de Bandini, qui nous eſt uniquement connu par les citations que lui ont empruntées d'autres écrivains, par exemple Tirabofchi, t. VI, part. 1,

p. 253 ; il y aurait donc témérité de notre part à nous élever contre une affertion dont nous ne pouvons apprécier les fondements (1). Nous oferons cependant affirmer que, fi la relation du voyage de Vafco da Gama, dont il eft queftion, fut écrite, comme le déclare Ramufio en la donnant pour la première fois au public, par un gentilhomme florentin qui fe trouvait à Lisbonne; d'après le même récit, quand Vafco da Gama revint de découvrir les Indes, ce gentilhomme ne pouvait être Améric Vefpuce.

Vafco da Gama arriva à Lisbonne le 29 août 1499, felon Goes, ou dans les premiers jours de feptembre, felon Caftanheda ; il avait été précédé, le 10 juillet, par Nicolas Coelho qui fe fépara de lui, comme on le fait, le 25 avril, pendant la route du cap de Bonne-Efpérance à l'île de Santiago du Cap-Vert. La relation, pour concorder avec ces dates, a donc dû être écrite dans les derniers fix mois de 1499.

Nous n'entrerons pas dans la queftion (fi l'on peut employer ce terme) qui s'eft élevée fur la date des voyages d'Améric Vefpuce. Nous doutons, en effet, qu'il y ait véritablement queftion fur un point où, en réduifant la controverfe à fa jufte valeur, les preuves demeurent fi fortes d'un côté qu'il n'y a plus matière à débat. Mais, dans l'hypothèfe des amis de Colomb comme dans celle des admirateurs de Vefpuce, nous prouverons qu'il était impoffible que ce dernier fe trouvât à Lisbonne pendant le fecond femeftre de l'année 1499.

Les écrivains efpagnols, s'appuyant fur l'autorité d'Herrera (*Hift. general das Indias*), fixent au 20 mai 1499 le départ d'Améric Vefpuce pour fon premier voyage ; d'après cette date, ce navigateur était certainement embarqué & bien loin de Lisbonne à l'époque dont il s'agit, comme nous allons le voir.

Les auteurs qui attribuent à Améric Vefpuce, au préjudice de

_____

(1) Cette affertion de Bandini a été réfutée victorieufement & pièces en mains par Canovai, dans la préface de fon ouvrage fur Améric Vefpuce. Voy. *Viaggi d'Amerigo Vefpucci, &c.*, del padre S. Canovai, Firenze 1817, p. 13 & fuiv. (*Trad.*)

Colomb, la gloire d'avoir découvert le Nouveau-Monde, font remonter fon premier voyage à l'année 1497. Nous avons confulté, dans la bibliothèque de Porto, une copie très-ancienne des quatre lettres d'Améric Vefpuce qui contiennent le récit de fes quatre voyages, dont deux furent entrepris pour le fervice du roi de Caftille, & deux pour celui du roi D. Manuel de Portugal. Ces lettres fe trouvent à la fin d'un petit traité par « Martinus Ilacominus », intitulé : *Cofmographiæ introductio*, &c., in-4°, en caractères gothiques, imprimé « apud Argentoratos (Strasbourg) par Joannes Gruniger, 1509 (1); » elles font dédiées à René, roi de Sicile, duc de Lorraine. &c. Il paraît que ce fut l'édition dont fe fervit Simon Grynœus dans fon « *Novus Orbis*, &c.,» imprimé à Bâle, en 1537; car, dans la tranfcription des lettres dont il s'agit, il a reproduit les fautes typographiques qui s'y trouvent. La date des voyages de Vefpuce eft indiquée dans ce traité d'une manière paffablement confufe ; toutefois il ne fera pas difficile d'en diffiper l'obfcurité.

Dans le premier voyage, le départ de Cadix eft fixé au 20 mai 1497, & le retour au 15 octobre 1499 ; il y a évidemment une faute de typographie dans la date du retour, puifqu'il réfulte de la teneur de cette première lettre que la navigation dura près de dix-huit mois; on doit donc lui fubftituer celle de 1498.

Le départ de Cadix, dans le fecond voyage, eft placé au mois de mai 1489 (le jour précis, 11 du mois, nous eft connu par l'édition des lettres de Grynœus); la date de l'année, évidemment erronée, doit être 1499 ; celle du retour eft fixée au 8 feptembre de l'année fuivante, 1500.

Dans le troifième voyage, le départ de Lisbonne eft à la date du 10 mai 1501 (le *Summario das Navigaçôes de Vefpuccio*, inféré dans les œuvres de Grynœus & de Ramufio, la porte au 13 du

___

(1) Le véritable nom de l'auteur qui, fuivant la mode du temps, avait adopté un pfeudonyme, était Waldfeemüller. Il fit imprimer pour la première fois fon livre en 1507 à Saint-Dié, fa ville natale, & le dédia à l'empereur Maximilien. (Tr.)

13

mois), & le retour eft placé dans l'année 1502, après feize mois
environ de navigation, bien que la verfion italienne de Ramufio
donne à cet événement la date du 7 feptembre 1502.

Le quatrième voyage commence, en partant de Lisbonne, le
10 mai 1503, & fe termine le 28 juin 1504. Il y a une différence de
dix jours entre cette date & la verfion de Ramufio qui fixe le retour
au 18 du même mois.

Ainfi, en combinant les dates & les textes de l'édition de 1509,
de celle de Grynœus de 1537 & de la verfion italienne de Ramufio,
nous arrivons à affigner les dates fuivantes aux quatre voyages
d'Améric Vefpuce :

1ᵉʳ VOYAGE.	2ᵉ VOYAGE.	3ᵉ VOYAGE.	4ᵉ VOYAGE.
Départ: 20 mai 1497.	11 mai 1499.	10 ou 13 mai 1501.	10 mai 1503.
Retour: 15 octobre 1498.	8 feptembre 1500.	7 feptembre 1502.	18 ou 28 juin 1504.

D'après ces dates, il eft impoffible qu'Améric Vefpuce pût fe
trouver à Lisbonne dans le dernier femeftre de l'année 1499.

Mais il y a mieux : nous acceptons pleinement l'invention des
deux premiers voyages d'Améric Vefpuce. Dans le récit du premier, qu'il entreprit pour le fervice du roi D. Manuel, il déclare
expreffément qu'il arriva à Lisbonne en 1501, quand la flotte fur
laquelle il s'embarqua était déjà prête à mettre à la voile. Or, cette
flotte leva l'ancre en mai, & l'on aura beau allonger l'intervalle qui
s'écoula jufqu'au retour de Vefpuce, jamais on ne pourra reculer
cet événement jufqu'aux derniers mois de l'année 1499.

Ainfi donc, fi nos prémiffes font vraies, quelle que foit l'opinion
que l'on adopte fur la réalité ou la non-réalité des voyages d'Améric Vefpuce, il eft impoffible de foutenir avec quelque fondement
qu'il foit l'auteur de la relation qu'on lui attribue.

Il nous femble que le même Antonio Ribeiro dos Santos fe
contredit dans fes affertions, quand on compare ce qu'il dit à ce

fujet avec ce qu'il a écrit dans le mémoire intitulé : *Da Antiguidade da Obfervação dos eAftros*, inféré au tome v, part. I, p. 77 des Mémoires de l'Académie. On y lit que le même gentilhomme florentin *aurait voyagé* avec Vafco da Gama, affertion non-feulement contradictoire, mais qui n'eft pas foutenable en préfence du texte de la relation dont il s'agit.

II.

Il exifte, à la bibliothèque de Porto, un exemplaire de cette première édition du livre Ier de l'*Hiftoire des Indes* par Fernão Lopes de Caftanheda. Barbofa Machado, dans la notice qu'il en donne, dit que « trois ans plus tard, ce livre fut réimprimé in-folio avec une autre dédicace adreffée au même fouverain (D. João III), & quelques variantes dans le nombre des chapitres & le commencement du premier; » mais, en comparant cette édition avec celle de 1554, on peut fe convaincre que les changements & les corrections font plus confidérables qu'il ne les indique. Nous en avons mentionné plufieurs dans nos notes, & nous ajouterons ici que la différence entre le nombre des chapitres (l'édition de 1551 en compte quatre-vingt-quinze & celle de 1554 quatre-vingt-dix-fept) réfulte d'un remaniement que fit l'auteur, pour difcuter une infcription latine prophétifant la découverte de l'Inde, qui fut trouvée à Cintra, dit-on, au temps du roi D. Manuel; & auffi pour inférer dans fon livre la lettre que le même fouverain écrivit au zamorin de Calicut par Pedro Alvares Cabral, ainfi que la defcription des armoiries octroyées par le roi de Cochin à Duarte Pacheco. Au refte, comme plufieurs traductions de cette édition ont été faites en langues étrangères, notamment une en efpagnol, imprimée à Anvers en 1554, (& que nous connaiffons par un exemplaire appartenant à la bibliothèque de l'univerfité de Coïmbre), les incorrections & les fautes qu'elle renferme fe font ainfi propagées, & on en retrouve la trace chez plufieurs écrivains tant anciens que modernes. Pour en citer un exemple, il était

dit, dans cette première édition, que Barthélemy Dias retourna de
l'île de Santiago en Portugal, affertion qui, bien que corrigée dans
l'édition fuivante par cette variante : *fuivit la route de Mina*, n'en
fubfifte pas moins encore aujourd'hui dans la *Biographie univerfelle*
ainfi que dans d'autres ouvrages.

L'auteur ou plutôt le rédacteur du *Summario da Bibliotheca Lufitana*
eft inexact & ne reproduit pas fidèlement Barbofa, quand il donne
à entendre que toutes les œuvres de Caftanheda, imprimées en
1551, furent corrigées & augmentées dans les différentes années
qu'il indique ; il eft certain que le premier livre était feul imprimé
en 1551, & que ce fut feulement en 1554 qu'il fut réimprimé,
quand le fixième & le feptième parurent pour la première fois. Barbofa Machado pêche lui-même contre l'exactitude en difant que
le premier livre fut publié avec celui d'Oforius : *De rebus Emmanuelis*, en 1581, à Paris, chez François Etienne, traduction de S. G. S.;
ce traducteur, en effet, profita des douze livres d'Oforius & ne
recourut que poftérieurement aux derniers de Caftanheda, ainfi
que nous l'avons vérifié.

III.

Ces navires étaient : le *San-Gabriel*, de cent vingt tonneaux ; le
San-Raphaël, de cent ; la caravelle *Berrio*, de cinquante ; enfin le
bâtiment qui portait les approvifionnements, jaugeant deux cents
tonneaux. Les deux premiers navires avaient été conftruits fous la
direction de Barthélemy Dias (qui avait déjà l'expérience des
mers auftrales), avec les bois que le roi Jean II, dans le but de
pourfuivre les découvertes, fit couper par João de Bragança,
fon garde des forêts (*moço do monte*), & tranfporter à la Cafa
da Mina en 1494 (1). L'agence de cette conftruction navale &

---

(1) On fait qu'en Portugal, le commerce de l'Afrique & des Indes fut exclufi-
vement placé dans l'origine entre les mains de l'Etat , qui n'accorda qu'avec le
temps, à un petit nombre de particuliers & à titre de récompenfe (par exemple à

l'expédition de la flotte avaient été confiées à Fernão Lourenço,
tréforier de la même adminiftration, un des feigneurs les plus
magnifiques de fon temps. La caravelle fut achetée par le roi
D. Manuel à un pilote de la petite ville de Lagos, appelé Berrio,
dont elle prit le nom, particularité que plufieurs ont ignorée (notamment Maffei, *Iftorie dell'Indie Orientali*). Le roi D. Manuel fit
également l'acquifition du bâtiment de deux cents tonneaux près
d'un certain Ayres Corrcia ; il était réfervé au tranfport des approvifionnements néceffaires à la durée d'un voyage auffi long que
celui que l'on prévoyait, la capacité reftreinte des navires ne
laiffant pas de place pour l'arrimage ; les inftructions du commandant en chef portaient, d'ailleurs, que ce bâtiment ferait défarmé &
brûlé dans la baie de San-Bras. Enfin , Barthélemy Dias devait
naviguer de conferve avec la flotte jufqu'à la hauteur de Mina fur
une caravelle comme on les équipait d'ordinaire pour trafiquer en
ces parages ; le commandement lui en avait été donné afin qu'il en
tirât quelque profit, en confidération des fervices qu'il avait rendus
par fes précédentes découvertes, & pour le récompenfer de la
part qu'il avait prife aux préparatifs de l'expédition qu'il accompagnait.

Le principal navire , le *San - Gabriel*, portait le commandant
en chef, Vafco da Gama; il avait pour pilote Pero d'Alemquer
qui était allé avec Barthélemy Dias jufqu'au *rio do Infante*, en
l'année 1487 (Cafado Giraldes dit qu'ils doublèrent le Cap en
1493) ; &, pour officier comptable, Diogo Dias, frère du fufdit
Barthélemy.

Le capitaine du *San-Raphaël* était Paul da Gama, frère du com-

Vafco da Gama), le privilège de trafiquer en ces parages. L'adminiftration de ce
monopole s'appela d'abord *Cafa da Mina*, alors que les découvertes ne s'éten-
daient pas encore bien loin fur la côte occidentale de l'Afrique, & que le centre
des opérations était Saint-Georges de Mina. Plus tard, en fe développant, elle
prit le nom de *Cafa da India, Mina e Ceuta*, avec les attributions d'un miniftère
de la marine & des colonies. (*Tr.*)

mandant en chef; le pilote, João de Coimbra, & le comptable, João de Sà.

Le capitaine du *Berrio* était Nicolas Coelho; le pilote, Pero Efcobar, & le comptable, Alvaro de Braga (1).

Le bâtiment qui tranfportait les approvifionnements était fous les ordres d'un certain Gonçalo Nunes, de la maifon du commandant en chef; Caftanheda, dans la première édition de fon premier livre, l'appelle Gonçalo Gomes, méprife qu'il a corrigée dans la feconde en lui reftituant le nom de Nunes.

Les interprètes de l'expédition étaient Fernão Martins (2) pour la langue arabe &, pour celle des nègres, Martim Affonfo qui avait féjourné longtemps au Manicongo.

L'hiftoire nous a confervé en outre les noms d'Alvaro Velho, Fernão Vellofo (Caftanheda & Barros), Gonçalo Pirez (Caftanheda), Gonçalo Alvarez, maître d'équipage du navire *San-Gabriel* (Barros), Sancho Mexia (notre auteur), Pedro de Faria e Figueiredo & fon frère Francifco qui moururent toús deux au cap Corrientes (Faria e Soufa), enfin Leonardo Ribeyro (Manuel Correia) (3).

---

(1) João Franco Barreto, dans fon Index des noms propres, que l'on trouve annexé à plufieurs éditions des œuvres de Camoëns, dit, au mot Diogo, que João de Barros donne à Diogo Dias & à Alvaro de Braga les noms d'Alvaro Dias & de Diogo Correia. Ce n'eft pas ce que nous voyons dans la première Décade, l. 4, c. 3 & 10 où on lit Diogo Dias & Alvaro de Braga.

(2) On lit encore dans l'Index de João Franco Barreto cité plus haut, au mot Fernão ou Fernando, que Goes donne à Martim Affonfo le nom de Fernão Martins. Il y a ici une nouvelle erreur ; Goes (C. de D. Manuel, P. 1, c. 36 & 39) ne confond pas ainfi fous un même nom deux individus différents.

(3) OEuvres du grand Camoens, &c., avec les *Commentaires de Manuel Corrêa* &c., Lisbonne, 1720, chez Jofeph Lopes Ferreira. Dans une note fur la ftance quarantième du fixième chant, le commentateur affirme tenir de Camoëns que le véritable nom de Leonardo, mis en fcène ici par le poëte, était Leonardo Ribeyro. Il eft à noter que Manuel de Faria e Soufa, dans fon *Afia Portuguèfa*, dit que le Leonardo de la quatrième ftance du fixième chant des *Lufiades* était Francifco de Faria e Figueiredo ; &, dans fes *Commentaires fur les Lufiades* (Madrid, João Sanchez, 1639), il s'exprime ainfi dans une note fur la même ftance :

Faria e Soufa cite encore, dans fon *Afia*, comme chapelain de la flotte, *Pero de Cobillones*, religieux de l'ordre de la Trinité, en fe fondant fur d'anciens titres tout-à-fait dignes de foi (dit-il), & fur le témoignage de frère Chriftoval Oforio, du même ordre, configné dans des éloges que ce frère a compofés.

On n'eft pas d'accord fur le nombre de perfonnes qui s'embarquèrent pour ce voyage ; Caftanheda (1), Oforius & Goes comptent cent quarante-huit individus ; Barros, Dec. I, l. 4, c. 11, porte ce chiffre à cent foixante-dix ; &, dans le livre V, c. 1, de la même Décade, il parle de cent foixante environ ; Faria e Soufa s'arrête à cent foixante. Quant au nombre de ceux qui revinrent en Portugal, tous les auteurs qui ont précifé un chiffre s'accordent, à très-peu d'exceptions près, fur cent cinquante-cinq. San Roman (l. I, c. VII) dit que, tant marins que foldats, il y eut d'embarquées cent foixante perfonnes, dont quatre-vingt-treize moururent, y compris Paul da Gama, ce qui porte à foixante-fept le nombre des furvivants.

Nous penchons pour le chiffre le plus élevé, & nous préfumons que la différence entre les nombres cent quarante-huit & cent foixante provient de ce qu'il n'a pas été tenu compte, dans le nombre inférieur, des dix ou douze déportés que Vafco da Gama

---

« Il peut bien avoir été foldat (Leonardo) dans la compagnie ; mais le fait importe peu & n'était nullement néceffaire pour qu'il fût introduit fur la fcène par le poète qui écrit un poème & nullement une hiftoire. »

(1) Dans la première édition du premier livre de Caftanheda, p. 87, le chiffre cent quatre-vingts eft en contradiction avec ce que dit l'auteur à la page 7 ; auffi a-t-il été remplacé par cent quarante-huit dans l'édition de 1554. Il eft à noter que Ramufio, dans la relation de ce voyage inférée dans fa collection & que nous avons déja citée, compte également, en tout, cent quatre-vingts perfonnes. Quelques-unes des éditions italiennes de Maffei portent foixante hommes, bien que les pertes de Gama foient évaluées, dans les mêmes éditions, à une centaine de perfonnes. Les éditions latines font plus correctes, car elles donnent le chiffre de cent foixante.

Lafitau & quelques autres comptent cent foixante-dix hommes. Dans *l'Hiftoire Générale des Voyages* on lit, p. 22, cent foixante &, p. 52, cent huit hommes, &c.

emmenait avec lui (Goes, *Chron. de D. Manuel*, p. 1, c. xxxvi), pour être débarqués fur les points où il jugerait utile de recueillir des renfeignements, & repris par la flotte à fon retour en Portugal. Les écrivains qui s'arrêtent au chiffre de cent quarante-huit hommes n'ont peut-être pas voulu mentionner cette circonftance, ou auront oublié de le faire, bornant leur calcul à deux claffes, celle des marins & celle des hommes de guerre.

IV.

On pourra concevoir quelque doute fur la date exacte du départ de Vafco da Gama, fi l'on fe borne, dans la vérification des faits qui fe rattachent à l'hiftoire de nos découvertes, à puifer à des fources indirectes. Tel eft le cas qui fe préfente ici. Ramufio, San Roman, Maffei & Laclade fixent au 9 juillet 1487 le départ de la flotte de Gama (1) : Antonio Galvão place l'événement au 20 (2); Barrow, au 3 (3); &, pour nous borner à une dernière citation, le vicomte de Santarem vante l'exactitude d'un ancien manufcrit, confervé à la bibliothèque royale de Paris, qui donne la date du 2 juin 1497 (4).

(1) Ramufio, 1er volume & 2e édition *delle Navigationi, etc.*; *in Venetia nella ftamperia de Giunti, l'anno* 1554, p. 130, dans le voyage de Vasco da Gama en 1497, écrit par un gentilhomme florentin qui fe trouvait à Lisbonne au temps où la flotte revint de la découverte de l'Inde. San Roman, *Hiftoria General de la India Oriental*, Valladolid, 1603, p. 40. Maffei, *Le Iftorie dell'Indie Orientali*, Milano, 1806, t. I, p. 67. Laclade, *Hiftoire générale du Portugal*, Paris, 1735, t. 4, p. 99.

(2) Antonio Galvão, *Tratado dos defcubrimientos antigos & modernos*. Lisboa, por Miguel Lopes Ferreira, 1731, à la page 34.

(3) Barrow, *Abrégé chronologique, etc.* (traduction des voyages de l'auteur de l'anglais en français par Targe), Paris, 1761.

(4) *Noticia dos Mss. na bibliotheca real de Paris pelo fegundo vifconde de Santarem*, Lisboa, 1827, p. 74.

Pour nous, la véritable date de cet événement eft établie d'une manière irréfragable par l'autorité collective de ceux de nos écrivains qui ont traité des affaires de l'Inde & qui, les premiers dans l'ordre du temps, le font auffi dans notre eftime. — Caftanheda, Barros, Goes, Faria e Soufa (1) font unanimes pour fixer le départ de l'expédition au famedi 8 juillet 1497, & leur témoignage eft corroboré par l'autorité de notre anonyme qui fuffirait, au befoin, pour décider la queftion, non feulement à caufe du degré de confiance qu'il mérite, mais par fuite de l'enchaînement de fon récit, où l'on voit les dates fubféquentes découler toutes de ce point de départ.

Il n'eft donc pas poffible, d'après les citations précédentes, d'affigner au départ de Vafco da Gama une autre date que celle du 8 juillet 1497. Maintenant il importe de rectifier une citation inexacte qui a été faite, à ce propos, dans la *Notice* mentionnée plus haut. On y lit que, dans l'*Afia* de Faria e Soufa, c. 4, part. 1, le jour du départ de Vafco da Gama a été omis ; or, en vérifiant cette affertion, nous trouvons cette mention expreffe : il fortit du port de Lisbonne *un famedi, huit juillet* 1497.

Nous relèverons encore, en paffant, une légère faute d'exactitude dans une citation de la *Notice* à propos du départ de João da Nova en l'année 1501. On y affirme que Faria e Soufa, dans fon *Afia*, & Barros, Déc. 1, l. 5, c. 10, placent le départ de ce capitaine dans le même mois & la même année que le manufcrit n° 10023 qui donne la date du 15 mars 1501, mais fans indiquer le jour. Ceci n'eft

---

(1) Caftanheda, l. 1, c. 2 ; Barros, Déc. 1, l. 4, c. 2 ; Goes, *Chronica de D. Manuel*, p. 1, c. 35 ; Faria e Sousa, *Afia*, t. 1, part. 1, c. 4. La date du 2 juillet 1497 du chapitre 23 de Goes cité plus haut ne faurait faire naître de doute, car elle réfulte évidemment d'une faute du copifte ou du typographe. Dans le chapitre 35° que nous venons de citer, le même auteur s'exprime ainfi : Vafco da Gama partit de Lisbonne, *comme il a été dit précédemment*, un famedi 8 juillet, etc. L'erreur pourrait exifter, affurément, auffi bien d'un côté que de l'autre ; mais l'indication du *famedi* lève toute incertitude, & montre où elle exifte de fait, puifque le 2 juillet 1497 ne tombait pas un *famedi*.

vrai qu'à l'égard de Faria e Soufa, car Barros le fixe au 5 du même mois & de la même année, comme il eft facile de le vérifier.

Nous ajouterons que la date du 19 novembre 1509, affignée par Faria e Soufa au départ de D. Fernando Coutinho (*Afia*, t. 1, part. 2, c. 3), nous paraît être, chez cet hiftorien, une faute du co-pifte ou de l'imprimeur. Dans le *Memoria de todas as armadas* annexé à fon *Afia* (mémoire auquel fe rapporte la note *b* de la préface des navigations de Cadamofto, dans la Collection des notices fur les nations d'outre-mer publiée par l'Académie), Faria e Soufa ne précife que l'année du départ, fans parler du *mois* ni du *jour*, ayant averti précédemment, comme d'un fait notoire « que ces départs s'effectuaient d'ordinaire entre février & avril ; quant à ceux, remarque-t-il, qui auront eu lieu à d'autres époques, nous dirons ce que l'on en fait... » Or, arrivant à l'expédition com-mandée par D. Francifco Coutinho, il fe borne à noter l'année, d'où nous devrions conclure, d'après l'avertiffement de l'auteur, que la flotte partit entre février & avril, ce qui eft en contra-diction avec la date du 19 novembre. En effet, la date du 12 mars concordant avec le manufcrit 10023 eft celle qui eft généralement admife.

L'omiffion des *jours* de départ, dans le *Memoria das Armadas* de Faria e Soufa, & cette circonftance que la période de 1412 à 1640 y eft comprife, montrent bien que le *Diario* du manufcrit 10023 ne faurait être le mémoire cité de cet auteur. Quant à fuppofer que le même *Diario* pourrait être celui que Francifco Luiz Ameno laiffa en manufcrit, prêt à être imprimé avec licences, comme le rapporte Barbofa dans fa *Bibl. Lufit.*, t. 4, p. 136, c'eft une queftion que nous pouvons trancher hardiment par la négative. Il exifte, dans la bibliothèque de Porto, une copie de l'œuvre inédite de F. L. Ameno, & l'on reconnaît, en y jetant les yeux, qu'elle diffère du manufcrit 10023 : 1° en ce qu'elle comprend la période de 1410 à 1761 ; 2° en ce qu'elle affigne au départ de Vafco da Gama la date du 8 *juillet* 1497. Nous pourrions en dire davantage fur la fource d'où découle le *Diario* du manufcrit 10023 ; mais cette difcuffion eft étrangère à notre fujet.

107

V.

Garção, dans l'acception d'oifeau, ne fe trouve pas dans les dictionnaires ; mais il eft évident que ce mot n'eft pas autre chofe qu'un augmentatif de *garça*, oifeau aquatique (1).

« A cent lieues environ à l'oueft du cap de Bonne-Efpérance, on commence à voir de grands oifeaux avec l'extrémité des ailes brunâtre & le corps blanc : on les nomme *gaivotões*. » (Pimentel, *Arte de navegar*.)

VI.

Plante aquatique; probablement le *fargaffo* & les *trombas* dont parlent nos navigateurs fubféquents : « au delà des îles de Triftão, en fe dirigeant fur le Cap, on rencontre des *taches de fargaffo*, appelées *mantas de Bretão*, & des tiges avec quantité de racines à une de leurs extrémités, que l'on nomme *trombas*....... On voit auffi des oifeaux appelés *entenaes* (2) & de grands corbeaux au bec brun. » (Pimentel, *Arte de navegar*.)

VII.

Caftanheda & Goes difent que Nicolas Coelho fut envoyé pour fonder. Il eft beaucoup plus vraifemblable que cet ordre fut donné à Pedro d'Alenquer, qui avait déjà doublé le cap de Bonne-Efpérance, avec Barthélemy Dias, & touché à divers points du voifinage.

VIII.

Il ne faut pas confondre avec l'île de Sainte-Hélène, baignée par

(1) *Garça* eft le nom du héron, en portugais. (Tr.)
(2) Des albatros. (Tr.)

l'Océan Atlantique, l'anfe ou l'aiguade de même nom fituée fur la côte occidentale du continent africain. Cette erreur (qui provient affurément d'une fimple méprife) a été commife par Sebaftião Francifco de Mendo Trigofo (t. VIII des Mémoires de Litt. de l'Académie, p. 371, à la note 1); par Francifco Luiz Ameno (dans le manufcrit déjà cité), & par plufieurs autres écrivains. L'île de Sainte-Hélène fut découverte par João de Nova, en 1502, à fon retour de l'Inde. Le fait eft mentionné par Francifco Luiz Ameno lui-même. Dans l'Hiftoire Générale des Voyages, Paris, 1746, ouvrage traduit de l'anglais, Caftanheda eft accufé mal à propos d'avoir confondu la baie de Sainte-Hélène avec l'île du même nom. On doit croire que le compilateur qui rédigea le voyage de Vafco da Gama pour cet ouvrage, tout en citant Barros & Caftanheda, n'avait qu'une connaiffance bien imparfaite du portugais & de l'efpagnol, ou qu'il fe fervit de traductions bien peu fidèles. Le traducteur de l'ouvrage, Prévoft, eft exactement dans le même cas.

IX.

Aujourd'hui la riviere Berg.

X.

La phrafe à laquelle fe rapporte cette note eft celle dont fe fervit Caftanheda dans l'édition de 1551, en décrivant les ufages des habitants de la baie de Sainte-Hélène ; mais elle a été retranchée des éditions fuivantes. Le fcrupule n'a pas été pouffé fi loin par l'évêque de Silves, Jeronymo Oforio, qui, dans le livre intitulé « De rebus *geftis* Emmanuelis », s'exprime ainfi : *pudenda ligneis vaginis includunt.*

XI.

Damião de Goes dit : « Il but & mangea de tous les mets qu'on lui fervit, avec deux mouffes à qui Vafco da Gama commanda de lui faire bonne compagnie. » Barros dit la même chofe en d'au-

tres termes. Il eft très probable que l'inexactitude n'eft pas du côté
de notre auteur, la circonftance d'avoir mangé à la table du commandant en chef n'étant pas de celles qu'il pût oublier.

XII.

Le fait dont il s'agit eft raconté diverfement par les hiftoriens ;
Caftanheda eft celui qui fe rapproche le plus de notre auteur, &
Barros celui qui s'en éloigne davantage. Goes prétend que Fernão
Vellofo abandonna la fociété des Cafres parce que « le ragoût
de loup & les us du pays lui causèrent une fatisfaction mé-
diocre ; en forte que, le feftin terminé, il reprit la route du lieu
où étaient les navires. » Barros rapporte (Déc. 1, l. 4, c. 4)
qu'après le départ de Fernão Vellofo avec les nègres, Paul da
Gama s'en fut à la pêche, & que les matelots ayant harponné un
baleineau, coururent le rifque d'être fubmergés par le monftre
qui fe débattit en fe fentant bleffé. Ni Caftanheda, ni Goes, ne font
mention de cet incident ; & certes, s'il avait eu lieu, il n'aurait pas
été omis par l'auteur minutieux du *Journal* dont le filence infirme
également ce que dit Barros de Nicolas Coelho, qui aurait attendu
à terre, en coupant du bois, le retour de Fernão Vellofo. Lafitau,
tout en ayant fous les yeux Caftanheda, Barros, Goes & plufieurs
autres de nos hiftoriens, défigure étrangement le fait.

XIII.

Parmi les bleffés, Barros nomme Gonçalo Alvarez, maître d'équipage du navire le *San-Gabriel*.

XIV.

D'après le compte de notre Journal, le cap de Bonne-Efpérance
fut doublé par la flotte le 22 novembre 1497 ; en forte que l'affertion de Caftanheda, de Barros & de Goes qui placent cet événe-

ment au 20, doit être rectifiée. Quant au jour de la femaine, Caftanheda s'accorde bien avec notre auteur en indiquant un *mercredi*;
feulement, l'avant-dernier mercredi de novembre 1497 tombait le
22 du mois.

XV.

C'eft la baie Falfa, entre le cap Falfo & celui de Bonne-Efpérance.

XVI.

Ce n'eft pas une tâche facile que de faire concorder les anciennes dénominations géographiques avec les noms modernes correfpondants.

Entre le cap des Aiguilles (qui a gardé le fien) & le rio do
Infante, mieux connu à l'étranger fous les noms de *Grande rivière
des Poiffons, Great Fifh River, Grote-Vis-River*, il y a cinq baies prin-
cipales, dont la plus occidentale porte encore aujourd'hui le nom
de *Saint-Sébaftien* que lui donna Manuel de Mefquita Pereftrello; les autres, en allant de l'oueft à l'eft, ont reçu des Hollandais ceux de *Moffel, Plettenberg, Camtoo* et *Zwarts-Kop*, auxquels
doivent correfpondre les noms portugais de *San-Braz, Formofa,
San-Francifco & Lagôa*. Notre opinion fe fonde fur la comparaifon
de plufieurs cartes modernes, comme celles de Barrows, Arrowf-
mith, Pinkerton, Faden & Wyld, où les noms hollandais ont été
adoptés, avec la carte réduite de l'Afrique auftrale, inférée dans le
Neptune Oriental, où Mannevillette, le routier de Pereftrello fous
les yeux, affigne aux différents points de la côte les noms portugais
qui leur correfpondent. Nous avons, de plus, en faveur de cette
nomenclature, une carte manufcrite appartenant à la Bibliothèque
de Porto, exécutée pendant les années 1781, 1782, 1784 & 1785
par Duminy, capitaine de frégate & capitaine de port au cap de
Bonne-Efpérance, qui l'adreffa à M. Van-de-Graaf, gouverneur

& directeur général de la colonie du Cap ; on y trouve expressé-
ment notée la concordance du

Hollandais	Moffel	avec le portugais	San-Braz
»	Plettenberg	»	Formosa
»	Camtoo	»	San-Francifco
»	Zwarts-Kop	»	da Lagoa.

Nous ne fommes donc pas d'accord avec ceux qui, comme
d'Anville, appellent la baie de San-Braz *Wlees-bay;* ou, comme l'auteur du célèbre Neptune Oriental, la baie Formofa *Moffel-bay;* ou
qui donnent, comme Malte-Brun, à la baie de San-Braz, la pofition
de celle de Saint-Sébastien, & placent, là où généralement celle de
San-Braz eft indiquée, la baie *Moffel* ou (dit l'auteur) de Sancta-
Catherina.

Quant à la véritable pofition de *Wlees-bay* ou *Flesh-bay* (qui,
tout en variant felon les cartes, n'en eft pas moins confondue d'ordinaire avec celle de San-Braz), nous penfons qu'elle doit correfpondre à celle de la baie *das Vaccas*, à l'oueft de la baie de San-
Braz, &, fur ce point, nous fommes d'accord avec Barrows, Pinkerton & Duminy. Ceci nous conduit à ajouter que nous différons
d'opinion avec l'auteur du Neptune Oriental, en ce qu'il donne le
nom de *Vis-bay* (Fish-bay ou *Baie des Poiffons*) à la baie de Sancta-
Catherina ; en effet, cette dernière eft indubitablement fituée à l'eft
du cap Talhado, tandis que la pofition généralement affignée à *Vif-
bay* eft à l'oueft du même cap & de *Moffel-bay*, &, plus ordinairement,
entre cette dernière baie & celle de *Wlees*.

XVII.

Le nom que nos hiftoriens donnent communément à ces oifeaux,
& que l'auteur du Journal leur applique lui-même dans un autre
paffage, eft celui de *sotilicairos*. Manuel de Mefquita Pereftrello les
décrit, dans fon Routier, d'une manière plus circonftanciée : « on
y trouve (dans l'îlot de la baie de San-Braz) une multitude innom-

brable de loups marins, quelques-uns d'une incroyable dimenfion, & des oifeaux, de la taille & de la forme d'un canard, que l'on nomme *sotilicairos*: ces oifeaux n'ont point de plumes aux ailes pour voler ; les extrémités feules font couvertes d'un duvet très-fin ; ils s'en fervent pour plonger & pêcher leur fubfiftance, ainfi que celle de leurs petits qu'ils élèvent dans des nids conftruits avec des arêtes de poiffon, apportées là par eux & par les loups marins. »

Les *fotilicairos* ou manchots appartiennent au groupe des *Aptenodytæ demerfæ* de Linné, parmi lefquels on cite, comme fynonymes, le *Manchot du cap de Bonne-Efpérance* & le *Manchot à bec tronqué* de Buffon ; c'eft le *Pinguim, Leffer pinguim, Cape pinguim, Black-footed pinguin* des naturaliftes anglais. Les Français leur donnent communément le nom de *pingouins*. Ces oifeaux fe trouvent auffi dans les mers du nord, mais avec quelque diverfité de ftructure & de caractères. D'après Brotero, ceux du nord ont les ailes plus fournies de plumes que les pingouins ou manchots du fud. Les manchots, appelés auffi *Cotetes*, font plutôt des demi-oifeaux que des oifeaux parfaits.

XVII.

Il y a divergence d'opinion entre Caftanheda, Barros & notre auteur fur le point où Barthélemy Dias plaça fa dernière colonne, Goes s'accordant, du refte, avec Caftanheda. Le réfumé compris dans le tableau fuivant facilitera la comparaifon du texte de ces écrivains : les lieues intercalées indiquent la diftance d'un point à un autre, d'après l'eftime de chacun d'eux.

Nous remarquerons, en premier lieu, que Caftanheda s'eft écarté du texte original pour avancer une chofe abfurde. Nos navigateurs allaient du fud au nord &, le 15 décembre, ils avaient en vue les îlots Chãos, la date du 16 décembre donnée par Caftanheda étant erronée, puifque le *vendredi* tombait le 15 décembre de l'année 1497. Comment donc purent-ils, le jour fuivant, dépaffer l'îlot da Cruz qui leur reftait déjà en poupe (dans le fud). Il faut bien avouer auffi que notre auteur a manqué d'exactitude, en difant que de la baie de Sainte-Hélène à celle de San-Braz il y a foixante lieues *par mer*, diftance qu'il attribue, dans le même paffage, à l'intervalle qui fépare le cap de Bonne-Efpérance de la baie de San-Braz. Peut-être, par une inadvertance du copifte, les mots *par mer* auront été fubftitués aux mots *par terre* dans le manufcrit de ce Journal.

NORD

JOURNAL DU VOYAGE de VASCO DA GAMA.	CASTANHEDA & GOES.	BARROS.
Rio do Infante (15 lieues) *Dernière colonne* de Barthélemy Dias (5 lieues) Ilhéus Chãos (5 lieues.) Ilhéu da Cruz (60 lieues)	Rio do Infante (15 lieues) Ilhéus Chãos (5 lieues) Ilhéu da Cruz, où Barthélemy Dias pofa la *dernière colonne.* (55 lieues)	Rio do Infante (20 lieues) Ilhéus Chãos (5 lieues) Ilhéu da Cruz ou *Penedo das Fontes*, où Barthélemy Dias pofa la *dernière colonne.*
Angra de S.-Braz (60 lieues) Cap de Be. Efpérance.	Angra de S.-Braz (60 lieues) Cap de Be. Efpérance.	Angra de S.-Braz (60 lieues) Cap de Be. Efpérance.

SUD

En examinant ce tableau, on voit que la dernière colonne de Barthélemy Dias fe trouve, d'après notre auteur, à cinq lieues en deça des îlots Chãos, tandis que les autres écrivains cités la placent

15

à cinq lieues au fud des mêmes îlots, c'eft-à-dire fur l'îlot da Cruz (dont le nom dérive, fuivant eux, de celui de la colonne) ; de plus, Barros affirme qu'il y avait contre l'îlot da Cruz un rocher appelé *das Fontes*.

Nous penfons que l'on n'héfitera guère à préférer la verfion de notre navigateur qui *vit* ces lieux que les autres n'ont connus que par *tradition;* d'ailleurs, fon témoignage fe trouve corroboré par une autorité que l'on peut confidérer comme irréfragable. Manuel de Mefquita Pereftrello fut envoyé par le roi D. Sébaftien, en l'année 1575, pour reconnaître la côte orientale de l'Afrique, depuis le cap de Bonne-Efpérance jufqu'au cap Corrientes ; à la fuite de fon voyage, il publia un Routier où les latitudes & l'orientation des points les plus notables font indiquées avec une exactitude qui, fans être abfolument exempte d'erreurs, n'en eft pas moins remarquable pour l'époque, et fait beaucoup d'honneur à ce navigateur privé des moyens d'exécution perfectionnés dont on peut difpofer de nos jours. Telle eft l'eftime dont fes obfervations & fes délimitations jouiffent à l'étranger, que fon Routier a été traduit en français, & inféré dans l'excellent recueil de cartes de Mannevillette, intitulé le *Neptune Oriental*. Nous nous fommes fervi, pour les extraits que nous allons en donner, d'un exemplaire manufcrit appartenant à la bibliothèque de Porto, car ce que l'on en trouve dans l'*Arte de Navegar* de Pimentel fe borne à un fimple réfumé.

«...... La baie de Lagoa..... renferme du côté du ponent quatre îlots appelés da Cruz dont l'un eft plus grand que les trois autres qui font autour... ils courent de l'eft à l'oueft, ainfi que deux autres îlots fitués dans la direction du levant & que l'on nomme Chãos, parce qu'ils font fi bas qu'on ne peut les aperçevoir à plus de deux lieues de diftance...... Les extrémités de la colonne font à quatre lieues au levant des îles Chãos..... à fa bafe fe trouve un îlot..... ce doit être le lieu où s'élevait la colonne de San Gregorio, érigée par Barthélemy Dias au temps où il explora cette côte par le commandement du roi D. João II, car les écrits témoignent qu'il la plaça fur un îlot, entre les îles Chãos & le rio do Infante, parage où il n'en exifte pas d'autre ; c'eft pourquoi je l'ai dénommé ainfi...

A huit lieues de diftance du rio do Infante, on voit, fur le rivage, plufieurs embouchures de rivières, &, à trois lieues plus loin, on trouve des berges efcarpées au pied defquelles s'élève le rocher appelé *Fontes* : c'eft une roche, pour ainfi dire, tranchée par le milieu, qui paraît être une île, mais n'en eft pas une. »

Tel eft le fens dans lequel doivent être rectifiées les fauffes démarcations qui ont été adoptées par les écrivains cités plus haut, & reproduites fur un grand nombre de cartes d'une manière plus ou moins confufe.

Quant à la concordance des dénominations modernes avec celles que nous offre le *Journal*, on voit que les noms des petites îles Chãos & da Cruz fubfiftent encore avec plus ou moins d'altération. Le rio do Infante, appelé ainfi du compagnon de Barthélemy Dias (João Infante, felon Barros, ou Lopo Infante, felon Goes), eft aujourd'hui connu fous le nom de *Groote-Visce-Rivier*, *la Grande Rivière des Poiffons* ; il ne faut pas s'en rapporter aux cartes où ce fleuve eft confondu avec le rio de S. Chriftovam qui coule à huit lieues au nord, fuivant Pereftrello.

XIX.

Le 10 janvier de l'année 1498 tombait un mercredi, & nullement un jeudi comme le porte notre manufcrit : ce n'eft pas la feule négligence de ce genre que l'on y trouve ; ainfi, plus loin, à la page 34, après avoir mentionné le jeudi 29 mars, l'auteur date le famedi du 30, erreur évidemment manifefte. Au refte, il eft facile de rectifier des fautes d'auffi peu d'importance, affez fréquentes chez les écrivains qui ont traité des affaires de l'Inde.

João de Barros (Déc. 1, l. 4, c. 4) dit : « Le jour des Rois ils entrèrent dans la rivière de même nom ; quelques-uns l'appellent rio do Cobre. » Il réfulte évidemment du texte de notre auteur corroboré par Goes, Caftanheda & Oforius, que le 6 janvier, la flotte était à la voile, & que ce fut feulement le 10 ou le 11 que l'on entra dans le rio do Cobre. Barros femble confondre deux cours d'eau en un feul, le rio dos Reis & celui do Cobre qui ont

été diftingués l'un de l'autre fur la carte de l'Océan oriental de Bel-
lin jointe à l'Hiftoire générale des Voyages ; le rio dos Reis y eft
placé beaucoup plus au fud que le rio do Cobre (ou aiguade da
Boa Paz). Nous trouvons auffi, fur une des cartes de Linfchott, le
rio dos Reis correfpondant à la rivière d'Aroé de la carte de
d'Anville que nous avons déjà citée : ce fleuve y eft figuré comme
débouchant dans la baie de Lourenço Marques.

L'aiguade da Boa Gente a confervé fon premier nom, car on l'appelle encore aujourd'hui, le plus ordinairement, aiguada da Boa
Paz; elle gît au nord de la baie da Lagôa (ou de Lourenço Marques),
entre le fleuve qui porte le nom de Lagôa & celui d'Inhampura.

XX.

C'eft le fcorbut, évidemment, dont les effets furent ainfi funef-
tes à nos navigateurs.

XXI.

Barros dit que Vafco da Gama « paffa hors de vue de la ville de
Sofala.... & qu'il entra dans un très grand fleuve à cinquante lieues
plus bas »; il aurait fallu dire, au contraire, *plus haut*, car Sofala, rela-
tivement au *rio dos Bons Signaes*, demeure en arrière du navigateur qui marche du fud au nord. Quant au *rio dos Bons Signaes*,
l'extrait suivant le fait connaître très clairement :

« Ce rio de Cuama..... eft appelé Zambèfe par les Caffres......
Une trentaine de lieues avant d'arriver à la mer il fe divife en deux
bras.... & tous deux pénètrent dans la mer Océane Ethiopique à
trente lieues de diftance l'un de l'autre. Le principal & le plus fort fe
nomme rio de Luabo ; il fe partage également en deux bras dont
l'un s'appelle vieux rio de Luabo, l'autre, vieux Cuama : d'où, fans
doute, toutes ces rivières ont pris le nom de Cuama. Le bras le
moins important porte le nom de rio de Quilimane, ou de *rio dos
Bons Signaes*, que Dom Vafco da Gama lui donna, quand il y parvint,
en allant à la découverte de l'Inde, à caufe des bonnes nouvelles

& des indices favorables qu'il y trouva..... De ce fleuve fort auffi un bras confidérable qu'on appelle le rio de Linde. » (*Ethiopia Oriental* de Fr. João dos Santos, l. 2, c. 2.)

Il eft à noter que ces cours d'eau, fur les anciennes cartes, font tracés d'une manière fort inexacte. Hugo de Linfchott, par exemple, a reproduit *deux* fois le rio de Cuama fur la côte orientale.

XXII.

Caftanheda, dans le paffage correfpondant, s'exprime ainfi : « Ceux qui venaient dans les barques étaient gens bafanés (*baços*)», en quoi il a été fuivi par Goes. Oforius écrit : « *homines autem erant colorati* », expreffion qu'un ancien traducteur a rendue par *bigarrés de couleurs*. Dans l'Hiftoire générale des Voyages on lit, *un peu noirs*.

La couleur des habitants de Mozambique étant connue comme elle l'eft aujourd'hui, le fens que l'on doit donner au mot *ruivos* de notre auteur devient manifefte. Si nous prenons note d'une particularité auffi infignifiante, c'eft que nous avons vu, dans des livres étrangers, ces mots *côr ruiva* traduits par *compleição ruiva* ; de là font nés des doutes fur les incidents qui ont marqué les premières explorations maritimes des côtes orientales de l'Afrique, doutes fondés fur la fuppofition que des hommes à *cheveux roux*, *ruivos*, *redhaired*, y avaient été rencontrés, quand les textes portugais ne difent rien de femblable (1).

XXIII.

Nous avons déjà dit, dans l'avant-propos, quel était le genre de notions qui circulaient chez les nôtres fur le chriftianifme de l'Inde ; nous ajouterons ici que, parmi les inftructions données à Vafco da

----

(1) Le fcrupule des éditeurs paraît ici exagéré & leur explication n'eft pas très claire. (*Tr.*)

Gama, il lui avait été recommandé de fe mettre en rapport avec le Prêtre Jean des Indes ; ce prince paffait pour chrétien ; mais il exiftait beaucoup d'incertitude fur la fituation de fes Etats.

XXIV.

Goes (P. 1, c. 37) dit que le *metical* valait 420 réis; Barros (Déc. 1, l. 4, c. 4), que 30 *meticaes* pouvaient aller à 14000 réis.

XXV.

Tavolachinha ou *tavollachinha* eft un mot que nous n'avons jamais rencontré ; mais on peut induire de fon étymologie qu'il s'agit d'une arme défenfive, préfentant une furface de la largeur d'un écu (*efcudo*), ou mieux, en raifon du diminutif, d'un petit écu, *efcudete*.

Cette acception devient effectivement évidente fi l'on compare les paffages correfpondants de notre auteur et de Caftanheda.

NOTRE AUTEUR.	CASTANHEDA.
Pag. 27... Cinq à fix barques portant nombre de gens armés d'arcs, de très longues flèches & de *tavolachinhas*.	C. 7... Six barques portant nombre de Maures, armés d'arcs, de flèches très longues, d'*efcudos* & de lances.
Pag. 32... Ils allaient le long de la plage, armés de *tavolachinhas*, de zagaies, de coutelas, d'arcs & de frondes.	C. 7... Ils allaient au nombre d'une centaine de Maures, armés d'*efcudos*, de coutelas, de zagaies, d'arcs, de flèches & de frondes.
Pag. 38... Il vint environ cent hommes, tous armés de fabres recourbés & de *tavolachinhas*.	C. 9... Ils étaient environ cent Maures, tous avec des fabres recourbés & des *efcudos*.

De plus, Goes ainfi qu'Oforius certifient que l'écu faifait partie des armes de cette population.

Nous les citerons l'un & l'autre :

GOES.	OSORIUS.
Part. 1, c. 36... Les gens qui étaient dans ces barques... portaient à la ceinture des fabres maurefques, & des targes (*adargas*) aux bras...	Liv. 1.... Aduncis gladiis accincti, parmafque brachiis infertas geftabant.
Ibid. C. 37... Il vint cent hommes fur une grande barque, avec des fabres recourbés & des écus (*efcudos*.)	*Ibid...* Gladiis & fcutis armati.

Dans l'Hiftoire générale des Voyages, les expreffions employées par Goes dans la première citation ont été traduites par *des épées & des poignards*, ce qui réfulte évidemment d'une confufion entre les mots *adarga*, écu, & *adaga*, poignard.

XXVI.

Nous avons ici un témoignage de plus en faveur de l'ancien ufage de la bouffole & des inftruments d'aftronomie nautique chez les peuples qui pratiquaient les mers orientales. Voyez le Mémoire publié par Antonio Ribeiro dos Santos fur ce fujet, dans le tome 5, partie 1, de l'Hiftoire & des Mémoires de l'Académie.

L'affertion ridicule d'après laquelle Vafco da Gama aurait appris des pilotes de ces mers l'ufage de la bouffole &, à fon retour, l'aurait introduit en Europe, n'avait pas befoin de ce paffage pour être réfutée.

XXVII

Schérif, comme tout le monde le fait, fignifie un chef, un perfonnage revêtu d'un titre, d'une charge honorifique, & nullement un eccléfiaftique ou un prêtre.

XXVIII.

Ce font les îles appelées Querimba, parmi lefquelles celle do Açoutado eft la plus méridionale. On la trouve, fous ce nom, fur un très petit nombre de cartes ; mais, plus ordinairement, elle eft défignée par celui de *Cabras* ou *Quiziba*. João de Barros dit que, de l'île de Mozambique à celle do Açoutado, il y a 70 lieues.

XXIX.

Probablement les îles voifines du cap Delgado, bien que leur diftance de la terre, d'après les cartes, ne foit pas auffi grande que le dit l'auteur.

XXX.

On voit plus loin, pag. 38, qu'il s'agit de l'île de Quiloa dont le roi était alors prépondérant fur la côte, fa domination s'étendant fur les « Maures de Çofala, Cuama, Angoya & Mozambique » (Duarte Barbofa, au titre de Quiloa).

XXXI.

L'île de Momfia.

XXXII.

Barros (Déc. 1, l. 4, c. 5 & 11) rapporte que le nom de San-Raphaël fut donné aux bas-fonds dont il s'agit dans ce paffage, non point parce que le navire de ce nom y toucha, mais parce qu'il s'y perdit à fon retour en Portugal : erreur manifefte, d'après ce que dit notre auteur à la page 82. Goes fuit la verfion de ce dernier (Voy. c. 44). Les montagnes de San-Raphaël font fituées fur la terre ferme, vis-à-vis l'extrémité la plus feptentrionale de l'île Zanzibar. On les trouve indiquées (montagnes, terres ou bas-fonds) fur prefque toutes les cartes.

XXXIII.

Nous penfons que l'auteur veut parler de l'ile de Pemba. Quant à cette particularité qu'elle produifait beaucoup d'arbres propres à faire des mâts, nous ferons remarquer que les iles fituées en face, mais plus rapprochées de la terre ferme que ne l'indique notre auteur, font défignées, fur plufieurs cartes, par le nom d'*Ilhas das Arvores* (îles des Arbres).

XXXIV.

Ce rempart acquit plus tard de l'importance; mais on voit qu'il exiftait déjà quand Vafco da Gama paffa par là, ce qui eft en contradiction avec l'affertion de Barros qu'il fût conftruit *poftérieurement*. Quand le vaiffeau de Sancho de Toar, qui faifait partie de la flotte de Pedro Alvares Cabral, fe perdit dans ces parages, les Maures profitèrent de fept ou huit pièces d'artillerie que leurs plongeurs retirèrent du fond de la mer pour en armer ledit rempart; ce fut leur confiance en ce moyen de défenfe qui leur donna l'audace malavifée de réfifter au vice-roi D. Francifco d'Ameida, en l'année 1505 (Barros. Déc. 1, l. 8, c. 7).

XXXV.

Il eft très-préfumable, comme l'affirment Caftanheda & Goes, que ces marchands étaient de Cranganor, ville fituée fur la côte du Malabar, où fe confervait une *tradition* du chriftianifme qui, du refte, n'était point particulière à ce lieu mais s'étendait à d'autres populations de l'Hindouftan méridional. Les Portugais virent en eux des difciples de faint Thomas & n'épargnèrent rien pour les ramener à la pureté de la foi catholique romaine. On peut voir fur ce fujet l'Itinéraire de l'archevêque de Goa, D. Francifco

Aleixo de Menezes, dans les montagnes du Malabar, &, plus particulièrement fur les croyances & les fuperftitions de ces prétendus chrétiens, les articles du *Synode* convoqué par le même prélat à Diamper, lefquels font joints à l'*Itinéraire*.

Quant à ce qui concerne les *chrétiens* d'Abyssinie, on confultera avec fruit les œuvres du père Francifco Alvares, du père Jeronymo Lobo (édition de Legrand, 1728), du père Balthazar Telles, ou, pour mieux dire, du père Manuel d'Almeida & de Fr. João dos Santos, qui donnent fur eux des renfeignements circonftanciés, enfin nos hiftoriens *paffim*.

XXXVI.

Ce pilote était Malemo Cana (Cana ou Canaca eft un nom de *cafte*) dont les fervices furent fi utiles à Vafco da Gama.

XXXVII.

Barros l'appelle Monçaide ; Caftanheda, Bontaibo. Il rendit de nombreux fervices à Vafco da Gama, & l'accompagna en Portugal où il mourut chrétien.

XXXVIII.

Ce fut en cette occurrence que João de Sá, pilote du *San-Raphaël*, frappé de la laideur des images dont la pagode était ornée, dit, étant à genoux & s'adreffant à Vafco da Gama : *Si ce font là des diables, moi j'adore ici le vrai Dieu ;* ce qui fit fourire le commandant en chef (Caftanheda). Un écrivain anglais trouve dans cette dévotion des Portugais une belle occafion pour s'écrier : *tant l'ignorance & la fuperftition font étroitement unies !* La maxime eft auffi mal appliquée qu'elle eft belle.

XXXIX.

Le pilote portugais qui écrivit le voyage de Pedro Alvares Cabral (Collect. de Not. de l'Acad.) défigne auffi la plante appelée plus communément *bétel* par le nom de *atambor* que lui donne ici l'auteur du Journal & qui dérive d'une mauvaife prononciation du mot arabe *tambul*. Comme nos premiers navigateurs communiquèrent avec les naturels de l'Inde par l'intermédiaire des Maures arabes, ils adoptèrent dès le principe leur manière d'exprimer les chofes qui s'offraient à la vue. *Bétel* eft le nom malabar de la plante & le temps l'a vulgarifé parmi nous. Voyez João Hugo de Linfchott, Garcia d'Orta, ainfi que plufieurs autres.

X L.

Il eft évident que l'auteur veut parler de Suez.

X L I.

Cet îlot a reçu, avec ceux qui l'entourent, le nom de Santa-Maria. Ils gifent tous entre Bacanor & Baticala.

X L I I.

C'eft l'île d'Anchediva.

X L I I I.

Cet individu que l'on reconnut plus tard pour un juif natif de Pofen, en Pologne, fe fit chrétien & prit le nom de Gafpar da Gama. Le roi D. Manuel l'employa à diverfes négociations dans l'Inde, le fit chevalier de fa maifon & lui donna des penfions, des traitements & des charges qui lui procurèrent une honorable exiftence.

X L I V.

L'auteur veut fans doute parler de Cochin, & il femble qu'il ait pris, pour le nom du royaume, celui du bourg ou de la ville de

Crangalor qui, renfermant une population nombreufe & divcrfi-
fiée (d'après ce que rapporte le pilote portugais auteur du voyage
de Pedro Alvares Cabral inféré dans le tome Ier de la collection
de Ramufio), était probablement, fous le rapport des affaires & du
trafic, le point le plus important de ces parages. Le petit nombre de
foldats qu'on pouvait y lever, fuivant lui ; le poivre, qui était la
principale production du lieu, fait commun fans doute à tout le
Malabar (Barros, Déc. 1, l. 9, c. 3), mais particulièrement appli-
cable à Cochin, d'après Duarte Barbofa (T. 2, p. 347 de la collection de Notices de l'Académie) & Hugo de Linfchott (P. II, Ind.
Orient., c. 13), tout concourt à nous perfuader qu'il a voulu
défigner Cochin. Il eft poffible encore qu'il s'agiffe de Torum-
guli, pays voifin de Cochin dont parle Couto, Déc. 7, l. 10, c. 10;
mais ceci paraît moins probable.

XLV.

Coulao; ce pays, réuni aux Etats de Cranganor, Cochin & Porca,
forme aujourd'hui la partie du Malabar appelée Travancor, qui
diffère par fon étendue de l'ancien Travancor, & s'étend maintenant du nord au fud, en fuivant la côte, depuis Cranganor jufqu'à l'extrémité du cap Comorin & jufqu'à la chaine des Ghattes
dans l'intérieur. Barros (Déc. 1, l. 9, c. 1) dit que le royaume de
Coulao fe terminait au village de Travancor ; mais Duarte Barbofa
le prolonge jufqu'à la ville de Cael fituée au delà du cap Comorin,
fur la côte orientale, & connue aujourd'hui fous le nom de Pef-
caria. Les révolutions continuelles du Malabar expliquent ces
différences. Il paraît qu'à l'époque de la découverte des Indes
les divifions étaient telles que l'indique Barbofa (qui écrivait en
1516); le roi de Travancor ne poffédait alors qu'une très petite
étendue de côtes (fi toutefois il en poffédait), & feulement aux
environs de Travancor, du côté du couchant. Par la fuite, il fit
irruption de l'intérieur, s'avança vers le littoral, à l'oueft, au
fud & à l'eft, & s'empara de la majeure partie du royaume de
Coulao, tellement qu'au temps de João de Barros, fa domina-

tion s'étendait fur toute la côte, depuis Travancor (ou peut-être mieux Travanderam où il fonda fa nouvelle capitale qu'il faut diftinguer de l'ancienne), jufqu'au cap de Canhameira ou Calimere fur la côte orientale. Nous favons en effet d'une manière certaine que fes ufurpations allèrent toujours en progreffant. Au temps de D. Fr. Aleixo de Menezes, archevêque primat des Indes, c'eft-à-dire vers 1600, on voit le royaume de Coulao divifé en deux Etats, Coulao & Calle-Coulao ; le roi de Travancor s'était alors tellement rapproché de Coulao, qu'il avait bâti un chateau-fort à Manugé, à une lieue au-deffous de Coulao, fur l'anfe d'un fleuve qui, de cette dernière ville, communiquait avec Cochin ; il poffédait, en outre, une forterreffc fituée prefque à portée de canon de celle que les Portugais confervaient à Coulao (Voyez l'Itinéraire de D. F. Aleixo, part. 2, c. 8 & 11). Il y avait une autre bourgade du nom de Covolan ou Coulao fur la côte orientale, au delà du cap Comorin, qu'il ne faut pas confondre avec les villes de Coulao & Calle-Coulao dont il vient d'être queftion.

XLVI.

Cael eft mentionnée par Duarte Barbofa, par Luiz Barthema (qui l'appelle Chail, comme on peut le voir dans Ramufio) & par d'autres écrivains plus modernes. Marco Polo l'avait déjà citée. On trouve le nom de Cael fur la carte d'Hugo Linfchott correfpondant à la page 20 de fes Navigations; mais le deffin incorrect des côtes & la réduction de l'échelle ne permettent pas d'en tirer de lumières pour fixer la pofition du lieu. En revanche, Duarte Barbofa eft tellement explicite, qu'il nous permet de décider que Cael ou Calle (1), ville fituée dans la province ou fur le territoire alors nommé Quilicare ou Calle-care (2), non loin du cap Calymere,

---

(1) Dans l'exemplaire manufcrit du livre de Duarte Barbofa qui exifte a la Bibliothèque de Porto, on trouve tantôt Calle, tantôt Calle-care.

(2) Care fignifie pays ; Calle-care, pays de Calle.

dans le fud, prit plus tard le nom du diftrict, & figure aujourd'hui fur les cartes fous celui de Killicare, Quillicari, &c. Dans la verfion italienne du livre de Duarte Barbofa qui nous a été confervé par Ramufio, la diftance de Cael au cap Comorin eft évaluée à 90 milles ; cette eftime, dans la traduction collationnée fur une copie en langue portugaife que l'Académie royale des fciences de Lis· bonne a publiée, fe réduit à 80 milles, le mille ayant été probablement calculé d'après une autre échelle. Ce que rapporte notre auteur, d'après les renfeignements qui lui avaient été communiqués & contrairement à Barbofa, que Cael était un royaume diftinct de Coulao, ne faurait faire difficulté ; en effet, ce dernier voyageur qui écrivait en 1516, nous apprend que le prince qui gouvernait Cael pour le roi de Coulao était « fi riche & fi puiffant, que tout le pays lui rendait les mêmes honneurs qu'au roi »; ou, d'après une variante de l'exemplaire de la Bibliothèque de Porto, était « fi riche & fi puiffant, que tout le monde le confidérait prefque comme un roi » : il n'eft donc pas difficile d'imaginer que cette ville ait été fignalée à notre auteur comme formant un royaume indépendant. Coufin Le-Bar & Malte-Brun fuppofent fans fondement que Cael était identique à Calle-Coulao, erreur grave, comme on peut en juger par notre Journal & par la relation de Duarte Barbofa. Puifque nous avons dit un mot des variantes qui exiftent entre la copie du livre de Duarte Barbofa publiée par l'Académie royale des fciences & l'exemplaire de la Bibliothèque publique de Porto déjà cité, nous croyons qu'il ne fera pas hors de propos d'inférer ici le paffage fuivant, où l'auteur décrit la pêche des perles aux environs de Cael ; ce paffage, qu'on ne rencontre ni dans Ramufio, ni dans la copie de l'Académie, fe trouve dans l'exemplaire de la Bibliothèque qui nous paraît être une tranfcription faite en 1539 fur une copie de l'année 1529.

« Tout proche de l'île de Ceylan il y a un bas-fonds de huit à dix braffes qui s'étend entre l'île et la terre ferme ; on y rencontre en fort grande quantité la femence de perles, tant groffe que petite, ainfi que des perles, & c'eft là que vont pêcher, deux fois l'an, en vertu d'une ordonnance, les Maures & les gentils de Cale, ville du roi de Coulao. Ces perles fe trouvent dans des huîtres plus petites & plus liffes que celles de nos pays; les pêcheurs les détachent en plongeant avec des pots de grès appliqués contre le nez, & ils viennent de Cale fur de petits bâtiments appelée *champanas*, à l'époque où le roi de Cale rend la mer libre. Il arrive ainfi de deux à trois cents *champanas*, chacune portant dix à quinze hommes, avec les provifions nécef- faires pour le temps qui leur a été fixé pour la pêche ; tous débar- quent fur une petite île inhabitée où ils établiffent leur campement, comme on difpofe, dans les Algarves, les madragues à prendre le thon, & chaque barque, partant de là, s'en va pêcher pour fon compte. C'eft-à-dire qu'ils s'affocient deux à deux & s'en vont jeter l'ancre où il leur plaît; puis, l'un defcend au fond de la mer avec des pots en grès appliqués contre le nez, une pierre attachée aux pieds & une bourfe en filet paffée autour du cou ; l'autre compagnon demeure fur la *champana*, tenant en main une corde qui aboutit à la bourfe en filet. Celui qui eft au fond s'y tient l'efpace d'une demi- heure, occupé à ramaffer des huîtres, jufqu'à ce que le filet foit plein ; alors il lâche la pierre qu'il avait aux pieds & remonte à la fur- face, tandis que l'autre hâle fur la corde & retire le filet avec les huîtres ; le premier, une fois en haut, l'autre defcend à fon tour, & c'eft ainfi que s'effectue leur pêche. Après cela, ils emportent leurs huîtres & les déchargent à terre où elles demeurent expofées au foleil jufqu'à ce qu'elles pourriffent; puis, ils les lavent bien dans des chaudières & des fébiles, & recueillent la femence qu'elles renferment ; s'ils viennent à trouver une groffe perle, elle appar- tient au roi qui a là des gens pour enregiftrer & percevoir fon dû ; la femence de perles fe pèfe, afin que le roi prélève fes droits, après quoi les pêcheurs emportent chez eux ce qui leur refte. Le roi de Ceylan perd le bénéfice de cette pêche pour ne pas avoir de marine, car cette fource de richeffes fe trouve fur fon domaine, & le roi de Coulao, qui réfide fur la terre ferme, vient ici l'exploi- ter. J'ai interrogé maintes fois les nègres fur la manière dont s'en- gendrait la femence de perles, & ils m'ont répondu qu'ils avaient obfervé ce qui fuit, c'eft-à-dire que, pendant l'hiver, les huîtres s'élèvent à la furface de la mer & reçoivent l'eau de pluie dans l'intérieur de leur coquille; or, autant de gouttes y pénètrent, autant de grains de femence ; & la goutte qui entre dans la chair de l'huître devient un grain parfait, tandis que celles qui tombent du côté de la coquille demeurent à l'état de demi-grains. »

XLVII

Coromandel, partie confidérable de la côte orientale de l'Inde, foumife, à cette époque, au roi de Narfinga ou Bifnaga. Elle commençait au cap de Canhameira (aujourd'hui Calymere) & finiffait à la pointe Guadavarim (aujourd'hui Godewar), à l'une des bouches du Niffapour. Le royaume de Narfinga fut démembré par fuite des révolutions fucceffives dont il a été le théâtre, & la portion la plus confidérable de cet Etat qui eft reftée intacte forme la Carnatique, où l'on retrouve, à peu près, les territoires que Duarte Barbofa attribuait au Coromandel.

XLVIII.

Les trente jours de navigation que l'auteur compte de Calicut à cette contrée & la quantité de foie qu'elle produifait, d'après lui, montrent qu'il eft queftion de l'île de Sumatra, fituée en travers de la pointe de Malacca, au-deffous de la Ligne. Cette foie, que mentionnent également Barros & Barbofa, était peut-être le coton de foie dont parlent Marfden & Malte-Brun, qui, tout en paraiffant à l'œil & au toucher fupérieur à la foie véritable, eft néanmoins très fragile & impropre au filage. Du temps de Barros, l'île était partagée en plufieurs petits royaumes qui fe réunirent fucceffivement pour fe féparer de nouveau, tellement qu'on y compte encore aujourd'hui un grand nombre d'Etats différents; le principal eft le royaume d'Achem, fi célèbre dans notre hiftoire de l'Inde.

XLIX.

Si nous nous laiffions guider par l'analogie des fons, le pays dont l'auteur veut ici parler ferait le royaume de Siam, que Mendes

Pinto appelle auffi Sornau; mais, d'après les particularités relatées
dans l'article auquel fe rapporte cette note, il s'agit probablement
de l'île de Bornéo dont le nom aura été défiguré par la prononciation. Si le voyage de Sumatra durait 30 jours, & celui de Bengala 35,
comme l'auteur le dit plus bas, on ne pouvait pas employer habi-
tuellement 50 jours de navigation pour gagner la côte occidentale de Siam, car il en aurait fallu 70 ou 80, proportionnellement,
pour atteindre la ville d'Udia, capitale du royaume, à caufe de la
néceffité de doubler la pointe de Malacca & de pénétrer dans le
golfe de Siam. D'un autre côté, on s'étonnera fans doute qu'en
parlant des productions de Bornéo il ne cite que le benjoin & l'a-
loës, quand la plus célèbre de toutes était & eft encore aujour-
d'hui le camphre, qui paffe pour le meilleur connu. On ne peut rien
conclure du benjoin & de l'aloës, pas plus à l'égard de Bornéo que
de Siam, ces deux contrées les produifant en abondance. Enfin le
petit Etat militaire dont parle l'auteur ne peut convenir en aucune
façon à Siam, qui comptait plus d'un million de foldats, d'après ce
que rapportent Barros, Mendes Pinto & d'autres écrivains. La conjecture la plus probable fur la contrée dont il s'agit eft donc en
faveur de l'île de Bornéo.

L.

Ce doit être Tenafferim, royaume qui fit partie du Siam ou qui
en dépendit jadis; il était fitué fur la côte occidentale de la pénin-
fule tranfgangétique, & fa capitale, qui portait le même nom, s'élevait entre les villes que Barros nomme Megui & Cholam, aujour-
d'hui Mergui & Junkfeylon. Tenafferim, à la fuite des révolutions qui furvinrent dans le milieu du xviiie fiècle, fut annexé à
l'empire de Birmans (Bramas ou Bremas de Mendes Pinto & Barros);
& Siam, d'après Malte-Brun, ne poffède plus maintenant qu'un lam-
beau de la côte, qui s'étend à delà de cette ville dans la direction
de Malacca, & où fe trouve le port de Junkfeylon. Le Vénitien
Nicolao, dont le voyage inféré par Poggio dans le livre intitulé
Hiftoriæ de varietate Fortunæ a été joint à la traduction portugaife de

Marco Polo, imprimée à Lisbonne en 1502, eft le feul, à notre connaiffance, qui faffe une mention fpéciale de la grande abondance
de bois de Bréfil exiftant dans le royaume de Tenafferim. Lalou-
bère, le père Gervais, Turpin & nos hiftoriens, ne nous apprennent
aucune particularité fur ce pays, & Barthema lui-même qui le
décrit fi longuement ne dit rien du bois de Bréfil. Quant à la petite
quantité de bois d'aloës ou *aguila* mentionnée dans ce paffage
parmi les productions de Tenafferim, on peut confulter Garcia da
Orta & le Mémoire du père Loureiro sur la plante qui donne l'aloës.

LI.

Nous ne hafarderons pas une opinion formelle fur les royaumes
que l'auteur a défignés par ces deux noms. Toutefois, nous inclinons
à croire que Pater correfpond à Pedir, & Conimata, à l'île de Timor
où, d'après Eredia (*Informação da Aurea Cherfonefa*), il y avait un
port appelé Canamaça.

APPENDICE

DOM MANUEL, par la grâce de Dieu roi de Portugal & des Algarves de l'une à l'autre mer ; en Afrique, feigneur de Guinée & des pays conquis, de la navigation & du commerce avec l'Ethiopie, l'Arabie, la Perfe & l'Inde, à tous ceux qui verront les préfentes faifons favoir ceci : La découverte de la terre de Guinée ayant été entreprife par l'infant dom Henri, notre oncle, en l'an 1433, avec le deffein & l'efpoir de parvenir par la côte de ladite terre de Guinée à la découverte & à la rencontre de l'Inde, pays qui jufqu'alors n'avait jamais été atteint par là, non feulement en vue de la haute renommée qui en rejaillirait fur ces royaumes & du profit qu'ils retireraient des grandes richeffes que l'Inde renferme & que les Maures ont toujours poffédées, mais afin que la foi en Notre-Seigneur fût répandue & fon nom connu dans un plus grand nombre de lieux ; plus tard, le roi dom Alphonfe, notre oncle, & le roi dom Jean, fon fils, étant animés d'un égal défir de pourfuivre ladite entreprife, les découvertes s'étendirent, en leur temps, au prix de grands facrifices d'hommes

132

& d'argent, jufqu'au rio do Infante reconnu en 1482 (1), ce qui fait mille huit cent quatre-vingt-cinq lieues à partir du point où commença premièrement l'exploration. Nous-même, animé d'un défir non moins vif de pourfuivre l'œuvre commencée par ledit infant & par les rois nos prédécefſeurs, certain que Vaſco da Gama, gentilhomme de notre maifon, était bien l'homme qui convenait à notre fervice, & que l'accompliffement de fon mandat lui tiendrait plus à cœur que les dangers de fa perfonne & le rifque de fa vie, nous l'envoyâmes fur notre flotte avec le titre de commandant en chef (*capitão mor*), & avec lui Paul da Gama, fon frère, & Nicolas Coelho également gentilhomme de notre maifon, à la recherche de ladite terre de l'Inde. Pendant ledit voyage il nous fervit fi bien, qu'après tant d'années écoulées depuis le commencement de l'entreprife, & quand maints capitaines qui y avaient été employés n'étaient parvenus à reconnaître que ces mille huit cent quatre-vingt-cinq lieues de côtes, lui, dans fon feul voyage, en découvrit quinze cent cinquante, outre une mine d'or confidérable & quantité de bourgades & de villes très-riches & très-commerçantes. Enfin, pour couronner fon œuvre, il découvrit & trouva l'Inde, cette contrée que tous les écrivains qui ont décrit le monde placent au-deffus des autres pour la richeffe, que tous les fouverains & monarques qui ont exifté ont convoitée par-deffus toute chofe, & pour laquelle tant de dépenfes ont été faites en ces royaumes, tant de capitaines, fans parler des autres, ont perdu la vie; enfin dont tous les rois n'ont pas feulement défiré la poffeffion, mais la découverte. Ce réfultat, dont les commencements furent l'œuvre de tant d'années, il ne l'obtint pas à un prix moindre que fes prédécefſeurs, mais avec une perte d'hommes & d'argent plus confidérable, & en courant lui-même de plus grands dangers qu'ils n'en avaient eu à affronter au début & par la fuite de l'entreprife, Paul da Gama, fon

---

(1) Cette date qui eft erronée & qui doit être attribuée à une faute du co-pifte, comme le lecteur en a été averti dans la prémière édition, fe trouve sur tous les regiftres de Torre do Tombo où le document a été promulgué.

frère, étant mort pendant ledit voyage, ainfi que la moitié des gens
que nous avions fait partir fur la flotte avec laquelle il fut expofé à de
grands périls, non feulement à caufe de la longueur de l'exploration
qui dura plus de deux années, mais parce qu'il voulut nous rapporter
des renfeignements parfaitement exacts fur le pays et fur tout ce
qui s'y rattachait. C'eft pourquoi, confidérant les fervices importants qu'il nous a rendus ainfi qu'à nos Etats par lefdits voyage &
découverte, et les grands avantages que peuvent en retirer, non
feulement nosdits Etats, mais toute la chrétienté, ainfi que le
dommage caufé aux infidèles qui jufqu'au temps préfent ont re-
cueilli les bénéfices de l'Inde; confidérant plus particulièrement
l'efpérance dont on peut fe flatter de voir toutes les nations de
ladite Inde ralliées à Notre-Seigneur, attendu qu'il paraît facile de
les diriger dans la véritable connaiffance de fa fainte foi, plufieurs
d'entre elles étant déjà fuffifamment inftruites pour y être & demeurer folidement affermies; voulant le récompenfer en quelque
manière des fervices importants qu'il nous a rendus dans cette circonftance, comme doit agir un prince envers ceux qui le fervent
auffi bien & auffi grandement; pour lui donner une marque de notre
faveur & de notre libéralité, de notre propre mouvement, libre volonté, fcience certaine, pouvoir royal & abfolu, fans qu'il l'ait demandé, ni perfonne pour lui, nous lui faifons purement, librement
& irrévocablement donation, de ce jour à tout jamais, d'une rente
annuelle de 300,000 réis tranfiniffible par héritage, à lui & tous
fes defcendants; &, pour paiement d'une partie de cette fomme,
nous lui donnons la nouvelle dîme fur le poiffon de la ville de
Synes & de Villanova de Millefontes, telle qu'elle nous appartient
ainfi qu'à la couronne & continuera de nous appartenir, à compte
& pour folde de 60,000 réis qu'elle rapporte annuellement. Dans
le cas où cette dîme viendrait à augmenter, il en profitera, lui &
fes héritiers, de même que fi elle vient à diminuer nous ne ferons
point tenus de l'indemnifer; cette dîme nous a été rendue par dom
Martynho de Caftelbranco, intendant de nos finances, qui la tenait
de nous, afin que nous la donnions audit Vafco da Gama, ce dont
nous l'avons dédommagé d'une autre façon. Nous lui donnons auffi

& voulons qu'il ait, chaque année, fur nos accifes de ladite ville de
Synes, 130,000 réis, fomme que lefdites accifes valent raifonna-
blement aujourd'hui ; nous voulons & mandons qu'il ne foit fait fur
lefdites accifes aucune dépenfe quelle qu'elle puiffe être, tant pour
nous que pour notre *assentamento* (1), ni pour aucune autre caufe
quelque particulière qu'elle foit, avant qu'il n'ait été intégralement
payé de ladite fomme de 130,000 réis. L'excédant fera encaiffé
pour notre compte par notre furintendant, &, en cas d'infuffifance,
il fe couvrira du déficit fur nos accifes de Santiago de Cacem ; & il
établira lui-même un receveur dans ladite ville de Synes afin
de percevoir & recouvrer lefdits 130,000 réis. S'il advenait que
les fermiers des accifes fuffent en perte ou ne vouluffent pas
payer comme ils y font tenus, il nous plaît que ledit Vafco da
Gama, ou fes héritiers, ou fon receveur, puiffent contraindre &
faire faifir lefdits fermiers pour leur dû, jufqu'au paiement complet
& intégral de ladite fomme, comme le ferait notre furintendant s'il
recouvrait pour nous lefdites accifes : à cet effet, celui-ci leur cé-
dera fa caution, & les fermiers pourront recourir ou en appeler à
notre contrôleur des finances & fe faire indemnifer fur notre propre domaine s'ils fe trouvent léfés ; & pour que ce paiement foit
encore plus fûr & certain, nous ne délivrerons aucune décharge
aux fermiers defdites accifes dans le cas où ils fubiraient des
pertes. En outre de ceci, nous lui donnons & voulons qu'il ait,
lui & tous fes defcendants, sur nos accifes de la ville de Santiago,
40,000 réis de revenu annuel dont il jouira & qui lui feront payés
intégralement & fans diminution, à chaque trimeftre, par notre
receveur audit lieu, lequel lui paiera fon quartier avant de faire
aucune autre dépenfe, & ainfi de quartier en quartier jufqu'au
bout de l'année. Il le paiera de la même manière, par quartiers,
fans diminution, en la ville de Synes, quelle que foit la fomme

(1) L'*affentamento* était un *ftipendium* que le roi accordait aux nobles qui
rempliffaient quelque charge à la Cour ; il dépendait du bon plaifir du roi & ne
paffait point au fils, à moins que celui-ci ne fût revêtu des mêmes dignités. (*Tr.*)

dont il pourrait être à découvert, jufqu'à concurrence des 130,000
réis, en fe faifant délivrer par notre contrôleur de Beja un certificat conftatant le déficit defdites accifes de Synes : & nous mandons à celui-ci, qu'auffitôt qu'elles feront affermées & que le déficit
fera connu, il ait à délivrer ledit certificat au receveur, qui opérera
fes recouvrements & verfera en compte à notre furintendant ou
receveur de ladite ville de Beja à qui nous ordonnons par les préfentes de recevoir les fonds. Quant aux 70,000 réis qui manquent
pour compléter la fomme de 300,000 réis, nous les lui avons fait
donner & affurer incontinent, avec le même droit de tranfmiffion
héréditaire, fur l'entrée des bois dans cette ville de Lisbonne, ce
dont il a reçu notre lettre patente. Et, par celle-ci, nous mandons
à nos furintendant & contrôleur de Beja qu'ils aient à le mettre
immédiatement en poffeffion de ladite dîme de Synes fur le poiffon ;
qu'ils le laiffent en jouir, la poffeder, l'affermer & la percevoir
comme il l'entendra ; qu'ils le laiffent auffi poffeder, recevoir &
percevoir par lui-même, chaque année, pour fon compte & celui
de tous fes héritiers & defcendants, à partir du mois de janvier dernier de l'année 1500, fur lefdites accifes de Synes, lefdits 130,000
réis, de la manière qui a été prefcrite par cette feule lettre, fans
qu'il foit néceffaire d'en expédier une autre ; &, pour la copie de
celle-ci qui fera enregiftrée fur le livre dudit furintendant, il lui
fera porté en compte lefdits 130,000 réis de Synes, ainfi que les
40,000 qui lui reviennent fur Santiago. En outre, nous le faifons
amiral de l'Inde avec tous les honneurs, prééminences, libertés,
droits de juftice, revenus, priviléges & taxes qui appartiennent léga-
lement à cette charge, & dont jouit l'amiral de nos royaumes en
conformité de ce qui eft exprimé plus au long dans le réglement
des amiraux ; lefquels revenus & taxes doivent s'entendre des
lieux & terres qui, par la volonté de Notre-Seigneur, feront placés
& demeureront fous notre obéiffance. De plus, nous octroyons &
concédons gracieufement, avec tranfmiffion par héritage, de ce
jour à tout jamais, fans que notre donation puiffe être révoquée à
aucune époque, audit Vafco da Gama & à tous ceux de fes defcendants qui hériteront & jouiront des 130,000 réis, le droit d'en-

voyer 200 cruzades aux Indes, par nos navires, à chaque voyage
qu'ils effectueront, ce qui doit s'entendre une fois l'an, & d'employer cette fomme en marchandifes fuivant leur volonté, fans
nous payer ni droits ni taxes d'aucune forte, hormis le vingtième
qu'ils paieront à l'ordre du Chrift. Et nous ordonnons à nos capitaines & adminiftrateurs qui s'y rendront de fe charger des 200
cruzades & d'en rapporter la valeur en marchandifes. Nous
conférons, en outre, audit Vafco da Gama le titre de Dom, &, en
fa confidération, nous voulons & il nous plaît que fes frères Ayres
da Gama & Tarayja da Gama jouiffent auffi du titre de Dom &
puiffent tous dorénavant prendre ce titre, ainfi que leurs fils, petits-
fils & tous leurs defcendants. Nous lui faifons la préfente donation
de ce jour à tout jamais, avec droit de tranfmiffion héréditaire,
comme il a été dit, nonobftant toutes lois, ordonnances, droit ca-
nonique & civil, glofe, ftatuts, coutumes, opinions des docteurs,
capitulaires des Cortès & toutes chofes qui y feraient contraires
ou pourraient être faites en oppofition par la fuite, lefquelles,
énoncées & exprimées ici, nous déclarons caduques & de nul effet,
chacune féparément & toutes enfemble. Nous voulons & ordonnons que le préfent titre de donation ait & conferve une valeur
effective pour tout ce qui y eft inclus, & nous nous enga-
geons, pour nous & nos fucceffeurs futurs, non feulement à ne jamais y déroger en tout ou en partie, mais à le faire toujours refpecter & à le maintenir dans fa teneur. Nous demandons & recom-
mandons également à nos fucceffeurs, par notre bénédiction, de
ne point y déroger en tout ou en partie, mais au contraire de le
faire refpecter & de le maintenir tel que nous l'avons conftitué,
attendu que tel eft notre bon plaifir. En outre, nous voulons & ordonnons que les héritiers dudit Vafco da Gama auxquels échoira
cette récompenfe prennent en même temps le nom de Gama, en
fouvenir & mémoire dudit Vafco da Gama ; en foi & témoignage de
quoi nous lui faifons remettre la préfente, fignée de notre main &
fcellée de notre fceau royal. Donnée en notre ville de Lisbonne,
le 10 du mois de janvier : Gafpar Rodrigues l'a faite, l'an de Notre-
Seigneur Jéfus-Chrift 1502. (*Liv. III de D. João III, fol.* 166.)

DOM MANUEL, &c. A tous ceux qui verront la préfente faifons favoir que l'amiral dom Vafco da Gama nous a fait préfenter
une lettre dont le contenu eft tel que fuit . « Dom Manuel &c. »
De même que la juftice divine accorde juftement dans l'autre monde
des prix & des récompenfes éternelles à ceux qui ont vécu dans
celui-ci au fein de notre fainte foi catholique en pratiquant de
bonnes œuvres, & que les mérites de chacun font la mefure de ces
récompenfes; de même & d'après cet exemple il eft jufte & équi-
·table que les rois & princes de la terre, établis par la main de Dieu
pour rendre la juftice & gouverner ceux qui leur ont été confiés,
encouragent & récompenfent les hommes qui les fervent bien,
non feulement en vue de reconnaître & rémunérer leurs fervices,
mais afin que ce foit un exemple propre à encourager les autres &
à fufciter en eux un puiffant défir de bien faire. Il eft de fait notoire en nos Etats, & même au dehors, que Vafco da Gama, amiral
de l'Inde, nous a rendu à nous & à nos royaumes un grand & fignalé fervice en découvrant ladite contrée de l'Inde durant le premier voyage qu'il y fit par nos ordres ; découverte dont les confé-
quences ont été fi grandes & fi magnifiques pour nous, & qui a
valu à nofdits royaumes & fujets un accroiffement confidérable de
profits & de richeffes, ce dont il faut rendre grâce à Notre-Seigneur,
avec l'efpoir d'obtenir plus encore par fon appui. En effet, ce qui
avait été ambitionné depuis un fi long temps par les Romains &
par nombre d'empereurs, de rois, de princes, fans compter nos
prédéceffeurs ; ce qui avait été cherché à travers tant de labeurs,
de dépenfes, de morts & de périls, ledit amiral, par notre ordre,
le découvrit & le trouva du premier coup, atteignant ainfi le but où
tous s'étaient efforcés d'arriver. C'eft ainfi que les avantages con-
voités par tant de nations nous ont été acquis, à nous & à nos
royaumes, au prix de rudes épreuves, de rifques perfonnels, & de
l'exiftence même de ceux qu'il emmena avec lui, car plus de la
moitié de fes équipages fuccomba dans ce premier voyage, & notamment Paul da Gama, fon frère, que nous avions fait partir avec
lui. Pour ce premier fervice, à fon retour, nous le récompenfàmes
& l'élevàmes en dignité, rémunérations que nous lui accordàmes

18

alors avec le ferme propos de l'élever toujours davantage en pro-
portion de ce qui était dû à son grand mérite. Une autre fois, depuis fon retour, nous réfolûmes de le renvoyer dans l'Inde pour
le bien de notre fervice avec une autre flotte confidérable. Dans
ce voyage & tout ce qui s'y rattacha, fon mérite & les fervices
fignalés qu'il rendit brillèrent & ne brillent pas moins que dans
le premier qu'il effectua. Ainfi, par exemple, le roi de Quiloa qui
eft un roi maure, le premier en arrivant aux Indes, ne s'étant pas
montré auffi zélé pour notre fervice qu'il s'y était engagé par fes
lettres & fes meffages, il le foumit, le rangea fous notre obéiffance, & l'obligea par force à nous payer un tribut annuel de
1,500 *meticaes* d'or, dont il verfa incontinent la première année;
lefquels tribut & redevance il nous apporta & remit entre nos
mains avec un engagement écrit, fuivant la loi du pays, par lequel
il s'obligeait, comme notre propre & naturel vaffal, à nous fervir,
reconnaître & obéir en tout temps, ainfi qu'à fon roi & feigneur
légitime, &, en outre, à prendre notre bannière, comme un figne
plus manifefte & plus obligatoire encore de fon vaffelage & de fa
foumiffion. Pendant le temps que ledit amiral y fut, il y rendit pu-
bliquement la juftice en notre nom, comme fur notre véritable domaine. Ce roi de Quiloa eft un roi très-riche & puiffant; il poffède les mines d'or de Sofala, les plus célèbres par leur richeffe
qu'il y ait en ces quartiers ou même que l'on connaiffe ailleurs, en
forte que fon nom eft très-fameux & renommé par toutes les
Indes. Auffi, parmi les fervices qu'il a rendus & les mérites qu'il
s'eft acquis, doit-on confidérer comme digne des plus grands
éloges & de la plus haute eftime, comme infiniment glorieux & mé-
ritoire, un fait auffi nouveau & auffi extraordinaire que la foumiffion d'un roi fameux, puiffant & renommé dans l'Inde, devenu tri-
butaire d'un royaume chrétien, d'ailleurs fi éloigné; il eft donc
jufte qu'en recevant cette nouvelle faveur & ce don nouveau,
parmi tant de faveurs & de bienfaits que le Seigneur nous a accor-
dés dans cette entreprife, nous lui adreffions des actions de grâces
toutes particulières pour un fait tellement inouï que, non feulement
en aucun temps il n'en avait rendu témoin nul autre roi ou

royaume chrétien, mais que perfonne n'avait jamais rien lu ni ouï dire de femblable. Dans toutes les autres occurrences de ce deuxième voyage il s'eft montré entièrement dévoué à notre fervice, auffi bien lorfqu'il fut néceffaire de faire la guerre à ceux qui s'oppofaient à nos opérations, guerre où Notre-Seigneur lui fit remporter maintes victoires, notamment fur les Maures de la Mecque, ennemis de notre fainte foi catholique, qui s'efforcèrent par tous les moyens poffibles de nuire aux intérêts de notre fervice, mais auffi dans toutes les autres conjonctures où l'on traita amiablement & pacifiquement avec les rois de ces contrées ; en forte que nos intérêts font demeurés folidement établis par fa fageffe & fon jugement, & qu'il a ramené à bon port, chargée de grandes richeffes, la flotte que nous lui avions confiée. Pour ces motifs, mais furtout pour le fait principal de la découverte qui doit procurer à nos Etats tant d'avantages, de gloire & de profits, & qui, pour nous, eft un fi grand fervice, il eft en droit de recevoir, à titre de premier auteur, des faveurs & des récompenfes qui en perpétueront la mémoire & le fouvenir. Voulant nous acquitter envers lui, comme il convient à un roi & comme il le mérite, efpérant d'ailleurs qu'il nous continuera fes fervices, de notre propre mouvement, fcience certaine, pouvoir royal & abfolu, fans qu'il l'ait demandé ni d'autres pour lui, il nous plaît de lui faire une donation gracieufe, pure, libre & irrévocable, à dater du premier jour de cette année 1504 & à perpétuité, tant pour lui que pour fes defcendants mâles en ligne directe, de 400,000 réis de rente annuelle dont nous voulons & dont il nous plaît qu'il foit pourvu, lefquels lui feront affurés & payés fur notre taxe du fel dans cette ville de Lisbonne, par quartiers, intégralement & fans retenue, en vertu de ce titre de donation, & fans qu'il foit néceffaire d'en expédier un autre de notre bureau des finances. En conféquence, nous mandons à nos receveurs tant préfents que futurs de ladite adminiftration de la gabelle, ainfi qu'au greffier de ce département, de verfer & payer déformais, à partir du premier jour de janvier dernier, audit amiral & à fes defcendants, lefdits 400,000 réis de rente annuelle, par quartiers, intégralement & fans retenue, comme il a été dit ; d'effectuer

toujours ce paiement avec exactitude, fans y apporter aucune efpèce d'obſtacle, de difficulté ou d'empêchement, attendu que tel
eſt notre bon plaiſir & notre vplonté; en foi de quoi nous lui faiſons
remettre cette lettre ſignée de notre main & revêtue de notre
ſceau royal. Donnée à Lisbonne, le ſeptième jour de février: Gaf-
pard Rodriguez l'a faite en 1504. Et, pour la tranfcription de la
préſente qui fera enregiſtrée par le greffier de ladite adminiſtration ſur ſon livre de comptes, avec quittance de l'amiral & de ſes
defcendants, nous mandons à nos contrôleurs de porter leſdits
400,000 réis au compte de l'adminiſtrateur ou receveur de la gabelle.

Pour ce qui eſt des 400,000 réis, nous entendons les délivrer &
affurer ainſi qu'il ſuit : 200,000 fur la branche de nos accifes de
Villa de Nyfa, à partir du 21 janvier prochain 1516. Ladite donation ayant été annulée, & l'enregiſtrement qui la concernait ayant
été conféquemment biffé fur le livre d'adminiſtration de ladite im-
poſition, ainſi qu'au bureau de nos finances : pour les 200,000 réis
qui reſtent, nous lui faifons remettre cette lettre afin qu'il puiffe
s'en fervir pour les toucher fur ladite impofition du fel & en jouir, à
partir du 21 janvier prochain 1516, de la manière & façon dont il
jouiffait defdits 400,000 réis, en foi de quoi nous lui faifons remettre cette lettre ſignée de notre main & fcellée de notre fceau
royal, & lui mandons de ſe garder & conformer à ce qui y eſt inclus. Donnée en notre ville de Lisbonne, le 29 du mois d'août.
Jorge Fernandes, l'a faite l'an 1515. (*Liv. XXIV de D. Manuel,*
fol. 120.)

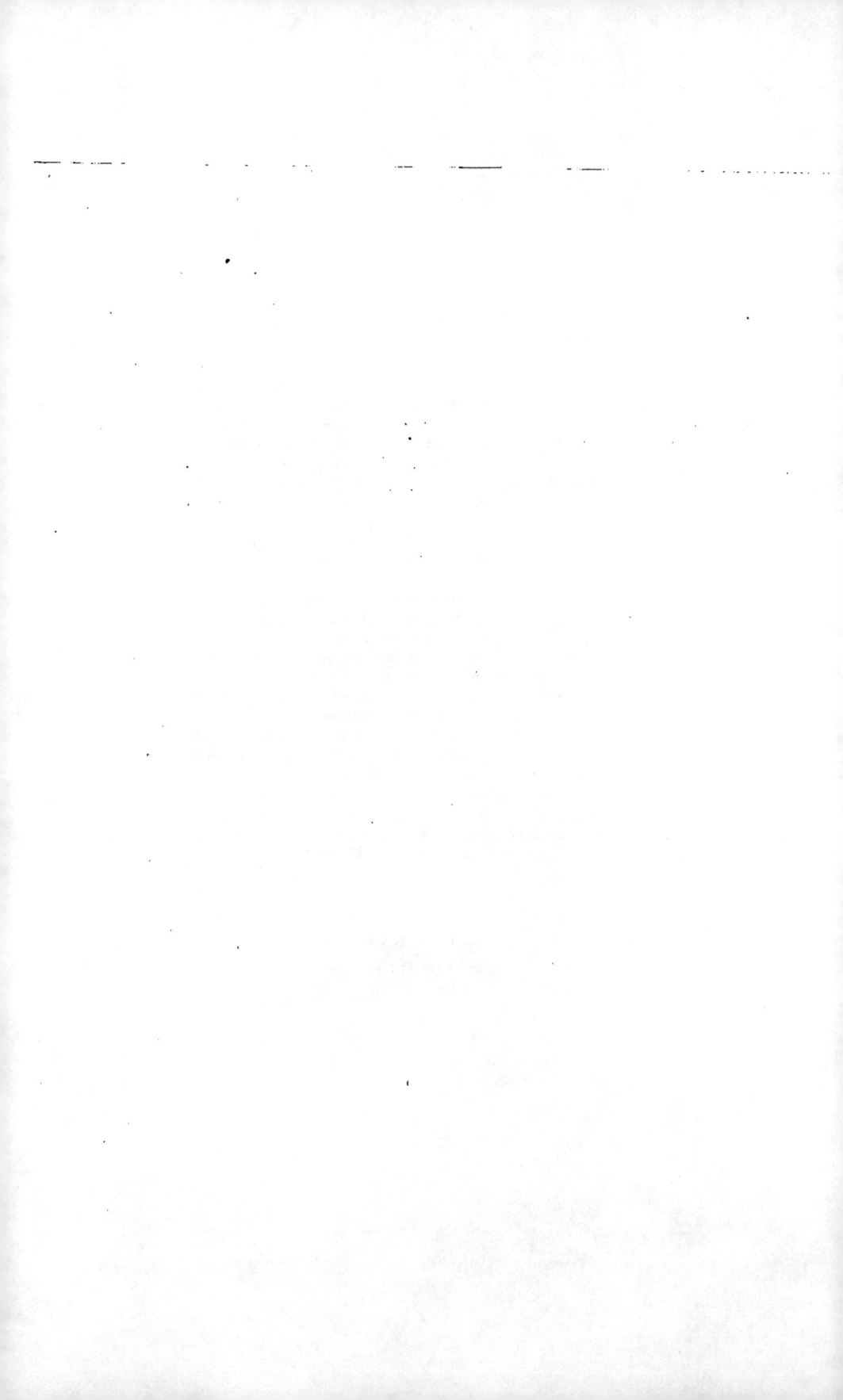

www.ingramcontent.com/pod-product-compliance
Lightning Source LLC
Chambersburg PA
CBHW072042080426
42733CB00010B/1964

* 9 7 8 2 0 1 4 4 8 4 4 6 5 *